FSC
www.fsc.org
MIX
Papier aus ver-
antwortungsvollen
Quellen
Paper from
responsible sources
FSC® C105338

Charite-Gahro
2018

http://swidsinski.de/themen/buch.pdf

Herstellung und Verlag: BoD- Books on Demand, Norderstedt

ISBN: 978-3-7481-3071-0

Inhalt

Teil I   **11**

   DIE GABE   11

     Die Kunde der Krankheit   12

     Sackgasse der Bedürfnisse   18

     Bedarf   21

     Triebe   23

     Auf und davon   25

Teil II   **31**

   Das Be- und Unbelebte   31

     "Tamensi movetur!"   31

     Lebensfunke   31

     Genesis   32

     Gelegenheit   33

     Das Denken   35

       Rezeptor-Reiz-Wahrnehmung   36

Teil III   **39**

   DIE GENE   39

     Wie die gen-Karten so fallen   39

     Wer im Körper das Sagen hat   43

     Gene und Bücher   47

Teil IV   **57**

   DIE EVOLUTION   57

     Ego und Eros   57

       Divergenz   57

       Verflechtung   58

     Gemeinschaft und Eigensinn   58

     Die Erweiterung   62

   DIE SEXUALITÄT   63

     Anfänge der Vereinsbildung   63

     Einklang und Dissonanz   64

     Sexuelle Fortpflanzung   65

Klonale Vermehrung   65

Einfache sexuelle Zeugung   66

Synchronisierte sexuelle Zeugung   66

Geschlechter   67

Die sexuelle Revolution   69

A posteriori statt a priori   69

Erfahrungsakkumulation   69

Gestalterische Freiheit   71

Wunschträume statt Verbissenheit   72

Sehnen nach ewigem Leben   73

Die Erschaffung des Mehrzellers   73

Krone der Schöpfung   75

Teil V   **77**

DAS WAHRE   77

Alle Wege führen zusammen   77

Die Stolpersteine   78

Der Irrtum   79

Doch nicht so   80

Die Irrwege der Logik   81

Zeit und Dauer   83

Jedem das Seine   84

Bewusstsein   86

Teil VI   **89**

Illusionen   89

Menschliches, Allzu-Menschliches   89

Was man so sagt   89

Das Können können   89

Das Bessere und das Bequeme   90

Erstzunehmende eben gemachte Menschen sein   90

Die Ismen   91

Die Wurzeln   91

Götzendummerung   93

Die Macht   94

Würden sie es wagen?   96

Leben in den anderen	98
Kontrolle	101
Ein Mann ein Wort	102
Arbeitsbienen	103
Die Moral(an)sprüche	104
Die Scheiterhaufen	104
Vom Umgang mit den Meinungen	105
Rücksicht und Toleranz	107
Viel Feind', viel Ehr'!	107
Teil VII	**109**
Leib und Leben	109
Gefühlskultur	110
Anatomie der Triebe	112
Der Vorschuss	112
Die Raffgier	115
Versuchungen	116
Die Aufputschmittel	116
Ungeduld	118
Ekstase	118
Das Medizin	119
Schlaf	122
Versinnlichung des Sinns	124
Teil VIII	**129**
Das so Un- und Verzichtbare	129
Neid	129
Ärger	129
Rache	130
Ungeduld	130
Sünde	131
Dummheit	131
Die Allerersten sein	131
Eitelkeit	132
Das Alleinsein	133
Ruf und Ruhm	134

Geltung 135
Teil IX **137**
Weisheit 137
Das Schöne und der Rest 137
Dieses süße Wort Freiheit 138
Das Gute und die Güte 139
Das Unangenehme 139
Die Unseren 140
Unsere täglich Angst 140
Die Starre 142
Die Panik 142
Gutes Ende 143
Gruseln 143
Grausamkeit 143
Medikamente 143
Shockandawe 144
Gegenmittel 144
Mut 144
Verneinung 145
Geborgenheit 146
Hoffnung und Zuversicht 147
Gelegenheit 147
Tod im Leben 148
Umgang mit dem Altern 150
Teil X **153**
Verband des Lebens 153
Die Wurzeln 153
Satzungen 154
Genom 154
Kultur 154
Bewusstsein 155
Verfügbarkeit 156
Das Sichaufrichten 157
Einander finden 158

Selbsterhaltung 158
Das Vereinsleben 160
Das individuelle Weisungsrecht 161
Faust und Schöpfung 163
Die Kompetenz 163
Die Kontinuität 164
Autorität 164
Verantwortung 164
Politik 166
Rat 166
Wahlen 166
Die Rangpyramiden 167
Legitimation 167
Die Scheinalternativen 170
So oder So-ziaismus 170
Krieg den Palästen 171
DAS GRUNDGESETZ **175**
Die Ziele 177
Das Sein 177
Die Vervollkommnung 177
Die Gegenseitigkeit 178
Die Schöpfungsforderung 179
Die Eigenständigkeit 180
Der Schutz 181
Die Freiheit 181
INSIGNIEN 183

Teil I

DIE GABE

Das Leben ist im Allgemeinen einfach,
einfach zu leben ist dagegen sehr, sehr schwer

Leben ist das einzige Gut, von dem man nicht genug haben kann. Man möchte alles auskosten, nicht bloß sein, sondern jeden Augenblick genießen, ausfüllen, erweitern. Doch womit und woher nehmen, wie geht man mit Leben um, was versteht man darunter und worum genau geht es dabei?

Auf der Jagd nach Lebensfülle hortet der eine Geld, Kunst, Immobilien der andere Arbeiter, Beamte, Soldaten. Das Zusammengeraffte schwillt zuweilen enorm an, zum Leidwesen der Mehrheit, überschüttet die einen, beraubt die anderen, zieht unüberwindbare Graben zwischen Menschen, Völkern und Rassen.

Und? Was macht dieser Besitz für einen Unterschied, wie sehr bringt es die Eigner weiter?

Es gibt eine Gerechtigkeit, die jeder sozialen Ungleichheit und Willkür trotzt. Sie steht über jedem Gesetz, lässt sich weder bestechen, noch bezwingen, noch irreführen. Wieviel kostet ein klarer Blick, die wonnigen Strahlen der Morgensonne, der betörende Duft der Wiesenblumen, freies Atmen, ein erquickender Gedanke? Nichts und unendlich viel. Diese Gaben sind frei verfügbar und unerschwinglich zugleich.

Das Leben ist das höchste Gut, verliehen durch die Geburt. Jedem werden dessen Schätze in vergleichbarem Umfang zuteil. Was wissen wir von dem in uns eingeschlossenen Reichtum?

Erstaunlich wenig.

Wie nutzen wir diesen? - verschwenderisch und gedankenlos gleich einer laut summenden Fliege, die wirr durch den Raum surrt, um dann irgendwann, wer weiß wo, zu enden. Die gesellschaftliche Stellung: Macht und Reichtum, wie anmaßend sich diese auch gebärden, können dem Körper, zu dem, was er ohnedies schon besitzt, höchstens einen künstlichen Darmausgang und diverse Prothesen zufügen. Weder Geld noch Macht können den Körper verbessern. Krankheiten bringen uns die Einsicht, dass die Lebensgaben nicht selbstverständlich sind. Spätestens im Krankenbett beginnen die Menschen über das eigene Streben und den Sinn des bisherigen „Eilens" nachzudenken. Sie schauen zurück und fragen sich - war das alles? Oft bleibt keine Zeit für eine Antwort. Aber auch diese unbeantwortete Frage ist viel wert.

Die Kunde der Krankheit

Vater, Vater, warum hast Du mich verlassen!

Patienten klagen in meiner Sprechstunde über vermeintliche Tücken ihres Körpers, fragen bitter und vorwurfsvoll warum dieses oder jenes nicht mehr klappt, wieso es hier oder da weh tut, wie lange ihre Beschwerden noch anhalten werden? Man kann ihren Verdruss verstehen. Von Geburt an erhalten wir unsere Fähigkeiten umsonst, ohne uns um deren Erwerb oder Erhalt zu kümmern. Sie zwingen sich uns geradezu auf. Wir folgen den Trieben und erhalten im Gegenzug Erfahrungen und neuartiges Können. Das Leben wird zunehmend klangvoll und farbenfroh. Wenn uns etwas fehlt, sagen uns die gleichen Triebe was wir tun oder lassen sollen, um die Lebenslust zurückzugewinnen. Wir müssen lediglich unser leibliches Wohl ansteuern, Freuden suchen und das Unangenehme meiden – der Rest ergibt sich von selbst.

Kaum stellen wir uns auf diese Führung ein, schon ändern sich die Regeln. Einst selbstloser Förderer und zuverlässiger Ratgeber verkommt der Körper zum wankelmütigen Waschlappen und rückratlosen Verräter auf den man sich immer weniger verlassen kann. Die Gestalt wird entstellt. An Kinn, Bauch und Hüften sammelt sich Fett. Muskeln hängen. Die Haut wird rau und faltig. Die Kräfte schwinden, die Luft wird knapp. Ja, die Welt um uns scheint zu verderben. Das

Gewohnte wirkt fremd. Was bisher stärkte - zehrt. Lieblingsspeisen und Getränke schmecken schal und bitter. Der Genuss schlägt öfter in Völlegefühl, Übelkeit und Schmerzen um. Spiele ermatten, Reize stumpfen ab. Die Nachtruhe treibt sich irgendwo herum und will nicht einkehren, lässt uns mit den Plagen des Tages allein, statt Sorgen zu vertreiben und zu erquicken. Nach den Mühen des Ein- und Durchschlafens kommt kein erlösendes Erwachen. Im Gegenteil – der leere Kopf dröhnt, der Verstand findet sich mit Mühe in der fremd wirkenden Umgebung zurecht. Die Gelenke sind eingerostet, Glieder bleiern, alles kostet Überwindung….

Woher diese Misslichkeiten? Man hat doch nichts falsch, zumindest nicht absichtlich falsch gemacht. Man folgte hörig dem, was der Körper vorsagte und verwöhnte ihn nach Kräften. Gewiss, man hat zuweilen schwer gearbeitet, sich über die Maßen angestrengt, auf manches verzichtet, doch nur, um eine Position zu erreichen, von der aus man alle Wünsche des Körpers erfüllen kann. Sollte man dem Leib versehentlich Wichtiges vorenthalten haben, so ist man bereit, es zu ändern. Jetzt, wo man es sich leisten kann, wird man gern das Fehlende besorgen, Rückstände aufholen, alte Rechnungen begleichen. Nennt die Ursache und das Gegenmittel. Der Preis spielt keine Rolle! Ich bin bereit, mein ganzes Vermögen in die Waagschale zu werfen.

Als wäre es so einfach! Als würde das genügen!

Die Medizin entdeckte viel Außergewöhnliches: Infektionen, Entzündungen, Tumore, Defekte des Stoffwechsels, der Enzyme und Gene. Die Details sind auf hunderttausenden von Büchern verteilt und in mehreren Bibliotheken untergebracht. Niemandem ist es gegeben, das Ganze durchzulesen, geschweige denn sich anzueignen. Es mutet viel an, ist es aber nicht. Vom Ozean der vielfältigen Äußerungen des Lebens erfasst das ärztliche Wissen gerade die Oberfläche. Was ist mit dem Rest? Wo sind die Schlüssel zu den Beschwerden, für die weder Befunde noch erkennbare Gründe vorliegen?

Man erklärt diese für „nicht-medizinisch". Es wirkt ehrlich. Schließlich berechnet man für ärztliche Dienste Honorare, und man sollte kein Entgelt für mangelnde Leistungen fordern. In Wirklichkeit entzieht man sich bloß der Verantwortung. Die Bezeichnungen „nicht-medizinisch, wie übrigens auch „rein psychisch", „autoimmun" und „genetisch", sind Schattierungen von Demselben und bedeuten so viel wie „selber schuld". Sie stellen Betroffene selten zufrieden. Anders als

Ärzte es ihnen bescheinigen, wissen die Patienten: die Beschwerden sind echt, und sie sind neu. Es muss also einen „wirklichen" Grund für die Misslichkeiten und deren Auftreten geben. Erkennt man diese, so könnte man den Vorgang stoppen oder gar umkehren.

Auf der Suche nach Ursachen wechseln Patienten die Ärzte, Heilpraktiker, Schamanen, Psychologen, pilgern zu heiligen Orten und befleißigen sich der Mystik. Irgendwann taucht dann eine Diagnose auf. Es ist nebensächlich, ob die Diagnose auf Tatsachen beruht oder überhaupt einen Sinn ergibt. Meist handelt es sich um eine Worthülse ohne Inhalt. Der Name wird dennoch als Erlösung empfunden. Eine Widerlegung ist unerwünscht. Nichts ist undankbarer als einen Patienten über die Leere seiner Einbildungen aufzuklären.

Ich habe mich öfter gefragt: Woher dieser Drang zu Pseudodeutungen stammt, wenn dieser nichts an dem Bestehenden noch an den Folgen ändert? Wozu dient diese aussichtslose Unrast, die zu den eingetretenen Einbußen weitere Lasten zufügt und die verbleibende Lebenszeit raubt? Geht es dabei um Schuldzuweisung?

Vielleicht.

Von Kindheit an lernen wir: Wer unschuldig ist, darf nicht bestraft werden. Schaut, hier ist alles verdreckt. Wer war das? Ich bin nicht schuld, also mache ich keinen Finger krumm! Sollen die Anderen aufräumen. Ist die Diagnose genannt, so ist die Schuldfrage geklärt, und man muss weder sein Leben umdenken noch auf Gewohntes verzichten. Das Zweifeln hat ein Ende, man kann wie bisher im Leben weitergleiten, wohin auch immer es führt.

Die Klärung von Schuldfragen mag erlösend wirken: im Kindergarten, in der Schule, gegenüber einem Vorstand oder einer Wählerschaft. Die Krankheit nimmt keine Notiz davon.

Warum brechen körperliche Funktionen ohne erkennbaren Grund ein und warum schreitet der Verfall fort, obwohl wir dem Körper jeden Wunsch erfüllen?

Die Frage lässt sich so nicht beantworten, da sie die Zusammenhänge verdreht. Die Formulierung setzt voraus, dass Gesundheit und Lebensfreuden selbstverständlich sind, deren Einbruch dagegen etwas Unnatürliches, Außergewöhnliches darstellen. Dabei ist es umgekehrt. Alles bricht irgendwann zusammen. Nicht das Versagen bedarf einer Erklärung, sondern das Leben.

Woher kommt das Leben, worin besteht und wie funktioniert es? Bei diesen Fragen wird uns erst die Schwere der Aufgabe bewusst. Kennen wir die Quellen der Lebenskraft? Verstehen wir das Leben? Können wir die einfachsten Vorgänge des Lebens steuern? Wissen wir, wie sich die einzelnen Zellen zu unserem Körper zusammensetzen und miteinander agieren? Oder zugespitzt - wissen wir, wie aus einer Raupe ein Schmetterling, aus einem Samen ein Baum wird?

Ich kenne die Antworten nicht. Niemand kennt diese. Wir sind erst dabei, Grundsätze der lebendigen Organisation zu erahnen. Nichts davon ist selbstverständlich oder vorausgesetzt. Nichts davon können wir hervorbringen. Das Leben ist ein Wunder. Ich bin voller Begeisterung, Ehrfurcht und Dankbarkeit darüber, dass es überhaupt funktioniert, und zwar völlig ohne unser Dazutun. Atmen, denken, fühlen, Freude und Schmerz empfinden – nichts ist simpel!

Aber muss man so tief schürfen und sich in Einzelheiten verstricken? Letztendlich geht es dem Patienten nicht um Moleküle und Raffinessen des Lebens, sondern um die Einfachheit, mit der sich das Leben bisher anbot. Man stand auf und lief, streckte die Hand aus und griff zu, öffnete die Augen und sah, dachte nach und erinnerte sich, kombinierte Tatsachen und traf Entscheidungen. So wie es war, will man es zurück, nichts darüber hinaus.

Wie naiv!

Ja, es ist mitunter angenehm, leicht und heiter zu leben. Diese Attribute sind jedoch keine Eigenheiten, sondern schwer erarbeitete Vorschüsse. Leben ist nicht leicht – es ist uns leicht gemacht worden. Der Aufwand hierzu ist enorm, er wurde nicht von uns erbracht und untersteht nicht unserer Kontrolle. Unser Körper gehört nicht uns, sondern der Evolution! Der Eintrag im Ausweis täuscht. Wir sind viel älter, als es uns die Zahlen darin bescheinigen. Das Leben ist vor etwa 5 Milliarden Jahren entstanden. Jedes heute existierende Lebewesen ist ein Nachkomme aus der Urzeit. Damals wurden wir geboren und seither leben wir in einer ununterbrochenen Generationsfolge fort. Diese 5 Milliarden Jahre sind das eigentliche Alter jedes heute bestehenden Wesens. Kein Abschnitt lässt sich herauslassen. Gäbe es eine einzige Unterbrechung, wären wir nicht da. Dem Individuum scheint es nur, dass sein Leben von neuem beginnt, ihm gehört und mit ihm endet. Das Individuelle ist ein Stand des Fortwährenden. Zwar empfinden wir die Ereignisse als einzigartig, für die Abläufe, die uns aufbauen, sind sie nicht neu. Unsere Ahnen haben vor uns unter ähnli-

15

chen Umständen agiert, die Widrigkeiten bekämpft, Hindernisse gestürmt, gesiegt und versagt. Die Erfahrungen ihrer Siege und Niederlagen laufen verflochten in uns zusammen. Unser Körper ist nichts anderes als ein Vorrat an gelungenen Lösungen, der es uns ermöglicht, aus einem DNA-Strang, Wasser, Licht und Mineralien einen denkenden mehrzelligen Organismus aufzubauen. Wir stützen uns bei der Reifung auf eine lange Geschichte erfolgreicher Vorstöße und erstürmen mit Elan Hindernisse, die einst unsere Vorfahren belagerten und bezwangen. Je ursprünglicher die Stadien der Individualentfaltung sind, desto umfangreicher ist der Erfahrungsschatz und umso seltener sine die unerwarteten Eventualitäten. Der werdende Organismus ist schwach. Seiner Schutzlosigkeit entsprechend müssten die befruchtete Eizelle und der Embryo für Störungen am anfälligsten sein und sich immer wieder in zahlreichen Missgriffen und Missbildungen verirren. Dies ist nicht der Fall. Was auch geschieht, wo man sich auch befindet, was man isst oder tut, der Embryo erfüllt sein Entwicklungsprogramm genau, bis zu den Fingerabdrücken. Trotz schnellen Wachstums und Austauschs von Milliarden von Zellen sind Abweichungen der Embryogenese selten. Erst als die Wissenschaft Substanzen entdeckte, die in der Evolution nicht vorkamen und daher vom Leben nicht berücksichtigt werden konnten, wurden Mutationen und Fehlbildungen alltäglich. Bekannt berüchtigte Beispiele hierfür sind radioaktive Strahlungen und Thalidomid. Die Werbung sagte, die Beruhigungspille (Thalidomid) ist weniger gefährlich als ein Glas Milch und empfahl es besonders den schwangeren Frauen. Das Medikament zeigte keine Nebenwirkungen bei den Frauen, brachte jedoch grässliche Missbildungen, fehlende Arme und Beine bei den Neugeboren hervor. Jenseits solcher Eingriffe, ist die Embryogenese erstaunlich stabil. Aus einer einzigen Zelle formt sich nach mehreren spektakulären Umwandlungen ein Baby, wächst und entfaltet sich immer weiter. Mit jedem abgeschlossenen Reifungsabschnitt gehen Unbeschwertheit und Leichtigkeit zurück, bleiben jedoch beim Kind und Jugendlichen reichlich erhalten. Die Vielzahl an Problemen, denen unsere Art in der Vergangenheit gegenüberstand und die sie löste, erklären, warum uns gerade am Anfang die schwierigsten Aufgaben wie von selbst gelingen. Wir ziehen uns hoch, stehen auf, laufen, lernen, packen an, als hätten wir nur darauf gewartet. Die Sprache wird wie im Vorbeigehen erlernt, wir wissen nicht einmal wie es geschieht, komplexe Fertigkeiten werden spielend angeeignet. Es gibt kaum ein Ereignis, das den wachsenden Körper überrascht, kaum einen Störfaktor, für den kein Gegengift bereitsteht. Die Sinne helfen uns dabei und begutachten die Entwicklung mit weisem Augenmaß der biologischen Erfahrung. Was in der Evolution gut war, erfreut uns beim Wiedereintreten, was kritisch war schmerzt und ängstigt. Wir folgen biologischen Wegweisern ohne nachzudenken, quittieren Erfolge und werden von Gefühlen der körperlichen Zustimmung überschwemmt. Die Jugend ist voller Freuden.

Die heile Zeit der unbekümmerten Entfaltung in den Grenzen des mehrfach Geprüften ist das, was Menschen für Gesundheit halten. Die Zuverlässigkeit, mit der sich das Erprobte durchsetzt, verwechseln sie mit Selbstverständlichkeit und halten sogar das Gelingen für ein Anrecht: Es ging doch bisher, also muss es auch weiter so gehen können. Wenn Probleme auftauchen, gehen sie zum Arzt und verlangen, er möge ihnen die einstige Unbeschwertheit zurückgeben und die schwindenden Kräfte auffüllen.

Sie verlangen Unmögliches, nicht an der richtigen Stelle und von den Falschen.

Wenn ein Krankheitsfaktor den Pfad der Individualentwicklung versperrt: ein Virus, Bakterium, ein Unfall, Mangel an Stoffen, eine Fehlstellung, und der Arzt diese Hindernisse erkennt und beseitigt, so scheint es, als könne er den Körper befehligen, Leben schenken und mehren. Das stimmt so nicht. Der Arzt vermehrt nichts und gibt kein Leben, sondern entfernt Stolpersteinchen aus dem Entfaltungsweg des körperlichen Treibens. Er kann also nur das Bestehende erleichtern. Es mag ungewohnt klingen, aber der Mensch, wie jedes andere Leben, entsteht nicht durch äußere Eingriffe, Zufälle oder Mutationen, sondern gestaltet sich selbst und kann sich nicht anders vervollkommnen als durch das eigene Streben und die Ziele, die er verfolgt.

Wo will der Mensch hin? Was treibt ihn? Macht er sich Gedanken darüber?

Im Allgemeinen kaum. Der durchschnittliche Mensch lässt sich von seinem Körper leiten. Sagt der Körper: das ist gut, so streben Menschen dies an, warnt der Körper vor etwas, so meiden sie es. Man nennt das, seinen Bedürfnissen nachgehen.

Sackgasse der Bedürfnisse

Im 19. Jahrhundert wurden Bedürfnisse auf einmal wichtig. Glückseligkeit, Freiheit, Gewissen, Gott, Menschlichkeit – das alles war gestern: verworren, irreführend und für die Planung unbrauchbar. Bedürfnisse erklärten dunkle wie leuchtende Hintergründe und Motive menschlicher Taten auf einfache, einleuchtende und für alle Zeiten und Länder bindende Weise. Sie ließen sich berechnen und statistisch erfassen. Von nun an dürfte alles klar und wissenschaftlich fundiert sein. Doch die Eintracht ging nicht auf. An dem Satz: „Jeder nach seinen Fähigkeiten, jedem nach seinen Bedürfnissen! – zerbrach die Welt in zwei unversöhnliche, sich bis aufs Blut bekämpfende Lager.
Während der Kapitalismus sich demonstrativ hinter egoistische Triebe stellte, verlangte der Kommunismus dem Menschen Gemeinschaftssinn ab. Je nach Deutung, fielen die Ansprüche und Vergütungsregeln unterschiedlich aus, gemeinsam war nur die Anspannung der Ambitionen. Beide Systeme wetteiferten um das maximale Einbeziehen Einzelner in den Prozess der Güterproduktion. Die Menschheit profitierte von dem Ansporn. Ausgerichtet auf die Befriedigung von Bedürfnissen entfesselte sie im Wettstreit der Systeme ungeheure Kräfte, baute Megastädte, verband die Erde mit Land-, Wasser- und Luftwegen, versetzte Berge, verwandelte Landschaften und flog in den Kosmos. Das bereits Errungene, wie die Erwartungen für das Kommende waren enorm. Die Science-Fiction Romane des 19. und des 20. Jahrhunderts geben die Anspruchshaltung dieser Zeit unverfälscht und eindrucksvoll wieder. Ich wuchs in diesem Optimismus auf und hatte keine Zweifel an der Einstellung. Dem Menschen schien nichts mehr unmöglich und jedes Problem lösbar. Das Moderne schaffte es tatsächlich, in wenigen Jahrzehnten allen biologischen Bedürfnissen Genüge zu tun. Doch es kam anders als gedacht und womit niemand rechnete.
Als alle körperlichen Wünsche erfüllbar wurden, musste man zusehen, wie sich jeder Schritt auf ihre Befriedigung hin aus der Erlösung und Stärkung in das Gegenteil verkehrte. Beachtliche Leistungen des Gesundheitswesens aus dem 19. und 20. Jahrhundert versandeten. Die Erfolge der Medizin wurden schwerfällig, teuer und kleinlich gemes-

sen am Aufwand. Die Erscheinung der Menschheit änderte sich. Statt Sportlichkeit, Grazie und Harmonie breiteten sich Übergewicht, Depression, Fettleber, Alzheimer und andere Zivilisationskrankheiten aus. Inzwischen sind das durchschnittliche und noch mehr das maximale Lebensalter der Menschheit in Gefahr, selbst der IQ ist im Sturzflug. Die USA sind Vorreiter, vom Rückzug ist jedoch die ganze Welt betroffen. Selbst dort, wo die Zahlen standhalten, schrumpfen die Lebensinhalte. Ich war mit 23 Jahren approbierter Arzt und Vater. In diesem Alter waren eine feste Berufsanstellung, ein eigener Wohnsitz und Familie typisch für meine Generation. Burnout war noch nicht entdeckt. Man beklagte Unterforderung. Das eigenständige Berufsleben beginnt heute um das 35. Lebensjahr, das Familienleben (falls es dazu kommt) ebenfalls. Die Vorbereitungszeiten wurden länger, die Belastbarkeit ist, verglichen mit den 50er-80er Jahren des 20. Jahrhunderts, deutlich geringer, und die physikalische Zeit zum eigentlichen Leben knapp.

Meine Generation träumte vom Fliegen und dem Erkunden von Makro- und Mikrokosmos. Heute finden Berufe wie Physiker, Techniker oder Ingenieur kaum Bewerber. Die Visionen des Fortschritts wurden von Fantasie- und Mystik-Literatur mit finsteren Gestalten des Mittelalters abgelöst. Ich wurde über 2 Meter groß. Doch im Kindergarten, in der Schule und im Institut waren viele Jugendliche größer als ich. Die Akzeleration war sichtbar, sobald Klassen die Aula oder den Sportsaal füllten und sich nach Jahrgängen neben den deutlich kleineren Lehrern aufstellten. Damals glaubte ich, dass meine Körpergröße in der Zukunft zum Durchschnitt wird. Es kam anders. Die Menschen wurden nicht größer, sondern fetter und schwerfälliger. Was ist schief gegangen?

Am treffendsten kann man es mit dem Verlust der Orientierung beschreiben. Dabei lag der Fehler weder bei den politökonomischen Theorien noch bei deren Umsetzung, sondern in dem Wesen der Bedürfnisse selbst. Die Gründer der Politökonomien machten sich keine Gedanken darüber, was Bedürfnisse sind. Bedürfnisse waren eine Selbstverständlichkeit, die keiner weiteren Erklärung bedurfte. Allerdings verhält es sich mit allen Selbstverständlichkeiten so. Himmel und Erde treffen sich am Horizont der sichtbaren Erdscheibe, die Sonne geht am Rand auf und wandert über die Himmelskuppel, das Schwere fällt herunter, das Leichte steigt auf und schwimmt. Selbstverständlich sind Dinge deren Deutung einleuchtet, für aktuelles Handeln entbehrlich ist und zunächst keiner Prüfung bedarf. Die Situation ändert sich schlagartig, sobald man das Selbstverständliche in die Handlung einbezieht. Wie kommt man zum Rand der Erdscheibe? Was stützt die Himmelskuppel? Wie erleichtert man das Schwere so weit, dass es schwimmt, schwebt oder sogar aufsteigt? Gleich bröckelt die Selbstverständlichkeit und zwingt die wahre Bedeutung gewohnter Erscheinungen zu hinterfragen.

Was sind und wozu gibt es Bedürfnisse?

Bedürfnisse sind die Sehnsucht des Unerfüllbaren. In der wilden Natur gelten Bedürfnisse Merkmalen, die wegen Mangel oder Unbeständigkeit nicht dauerhaft gedeckt werden können und allein durch Spitzenleistungen zu gewinnen sind. Ausgerichtet auf das Unerreichbare dienen Bedürfnisse nicht so sehr ihrem Besitz, wie der eigenen Ertüchtigung.

Die Politökonomie ordnet die Warenproduktion den körperlichen Begierden unter. Anders als in der Natur, schafft es die moderne Industrie tatsächlich, alle biologischen Bedürfnisse zu stillen und behebt damit die zugrundeliegende Herausforderung. Von der Herausforderung losgelöst, verliert die Befriedigung körperlicher Bedürfnisse ihre ertüchtigende Wirkung. Die Sättigung lähmt den Willen, stumpft die Sinne ab und erstickt das Streben. Ein voller Bauch studiert schlecht. Überdruss ist auch in Politik, Wissenschaft, Kunst und Sport hinderlich. Die Verbrauchergesellschaft verliert ihre biologischen Antriebe schneller als sich neue herausbilden können. Dies ist heute deutlich wie nie. Der Durchschnittsamerikaner beansprucht bei gleichen Voraussetzungen dreimal so viele Kalorien wie ein Mensch in Entwicklungsländern. Das Gefälle ist noch gravierender beim Verbrauch von Energie, Wasser, Kleidung, Wohnraum. Doch, statt Energien zu wecken, erdrückt dieser Reichtum die unternehmerische Bereitschaft. In Ermangelung der Antriebe versucht die Moderne, Verbrauch durch Globalisierung anzukurbeln, Armenländer arbeiten zu lassen und zugleich Wünsche im übersättigten Sozius zu aktivieren, die bisher als abartig galten, jedoch noch nicht ausgereizt wurden. Vielleicht könnten diese noch als Triebfeder dienen: Glamour und Prahlsucht, Viagra für Männer und Frauen, Dekadenz jeder Art.

Bedarf

Die Auswüchse der Verbrauchergesellschaft sind unübersehbar, die Folgen für Umwelt und Mensch beklemmend. Kritische Stimmen werden laut, prangern den Konsum an, schüren Zukunftsängste und verlangen eine Kontrolle des Verbrauchs. Die 68er, der „Club of Rome", die Grünen, die Piraten geben dem Wachstum Schuld, fordern institutionellen Verzicht. Ihre Rezepte greifen in die persönlichen Freiheiten ein, bevormunden und entrechten das Individuum. Die Ideen finden dennoch Verbreitung und Eingang in die Programme fast aller politischen Bewegungen.

Würde es gehen?

Nicht jede Alternative ist ein Gewinn. Die Verbrauchergesellschaft geriet in eine Sackgasse. Umdenken tut not. Gewiss! Wer sagt aber, dass der Ausweg im Umkehren liegt? Bietet die Beschneidung menschlicher Ansprüche eine Lösung? Wo bleibt man bei den Einschränkungen stehen? Streng bei dem Bedarf? Welchem? Wessen? Gibt es Präzedenzfälle?

Die Geschichte bietet genug Beispiele für Beschränkungen. Der freiwillige Asketismus wurde öffentlich gepriesen jedoch kaum befolgt und insgeheim belächelt. Die religiösen Verbote waren durchgreifender, jedoch fern jeder Logik für die Beteiligten außer: So muss es sein, da Gotteswille und Schluss! Angeblich sind wir heute besser dran. Die Wissenschaft könne den Bedarf berechnen und die Güterverteilung frei von Mystizismus regeln. Ist das so? Wohl kaum! Die sogenannte etablierte Wissenschaft steht heute für das eine, morgen für das andere, schwankt, zweifelt und hat abgesehen von den Geldgeberquellen keine eigene Durchsetzungsmacht. Das semitische Essverbot des Schweins und das Heiligsprechen der Kuh in Indien wirken dagegen bis in die Gegenwart. Alles wegen der Launen eines religiösen Starrsinns? Nein, - aus purer Berechnung! Die religiösen Verbote fassen die historische Weisheit der Gemeinschaft zusammen und setzen diese effektvoll um.

Ein Schwein kann, anders als Huftiere, nicht vom Gras leben. Es benötigt zum Wachstum die gleichen Lebensmittel wie der Mensch. Zu Notzeiten musste man, um einen Menschen mit Schweinefleisch zu versorgen, zwei anderen Menschen die Lebensgrundlage entziehen. Die Erklärung des Schweins als unrein und dessen Verbot schützt die Bevölkerungsmehrheit, ohne sich in Rechtfertigungen zu verwickeln. Die religiöse Dogmatisierung verleiht Stärke jenseits individueller Gründe, verhindert, dass der Inhalt zerredet und durch Ausnahmen ausgehebelt wird.

Ähnlich kam es zur Heiligsprechung der Kuh. Eine Kuh war für den indischen Bauern ein Heizofen, Traktor, Milchspender und vieles andere mehr. Der Verzehr von Rindfleisch durch die Reichen bedeutete für die Bauern, die ihre Kuh in Notzeiten verkauften mussten, qualvollen Hunger und Tod. Die Religion, die die Unantastbarkeit der Kuh allen sozialen Schichten aufzwang, schützte die Bevölkerung gegen Katastrophen und wurde von der Mehrheit vorgezogen, obwohl deren Gebote mit den Traditionen und der oberflächlichen Logik brachen.

Archäologische Funde und alte Schriften belegen, dass der Hinduismus bei seiner Entstehung bereitwillig die Kuh und das Kuhfleisch sowohl als Opfertier als auch zum Verzehr nutzte. Obwohl tief in der indischen Kulturgeschichte verwurzelt, wandten sich die Inder vom Kuhopfer ab, als die Bevölkerungsdichte wuchs. Nicht der Gott sprach die Kuh heilig. Es waren Menschen mit ihren Wertevorstellungen.

Die Kuh wurde in der Not zum zentralen Garanten des Wohlstands, ja des Überlebens. Menschen wählten eine Religion, die ihnen diese gewährten. Als der Hinduismus noch Kuhopfer billigte, musste diese archaische Religion schmerzliche Schläge einstecken. Zeitgemäßer Buddhismus und Islam breiteten sich in Indien rapide aus und verdrängten beinahe den Hinduismus. Doch mit dem Heiligsprechen der Kuh eroberte der Hinduismus seine einstigen Positionen zurück und behauptete sich gegenüber den konkurrierenden Religionen ohne andere Postulate wesentlich zu reformieren. Es ist ebenfalls hinreichend belegt, dass die semitischen Völker in den Anfängen ihrer Kultur Schweinezucht betrieben und diese erst mit dem Judaismus und dem Islam aufgaben.

Die Religionsgeschichte zeigt: Eine verordnete Mäßigung ist für Individuen, Gruppen (Kasten) und ganze Völker durchsetzbar. Allerdings stehen dahinter weder abstrakte Wünsche noch fromme Absichten. Der Sinn der Askese ist kein Verzicht, sondern eine maximale Gewährung von Lebensnotwendigem. In anhaltenden existenziellen Krisen bekommt die Sicherung des Bedarfs einen Vorrang und setzt sich vehement durch. Warum nicht gleich so?

Das liegt im biologischen Wesen des Bedarfs. Gebundener Stickstoff ist eine absolute Voraussetzung für die Lebensfähigkeit von Tieren und Pflanzen. Der Bedarf ist enorm. Das Verlangen danach fehlt allerdings, weil im Allgemeinen kein Mangel besteht. Die Verfügbarkeit ist vorausgesetzt. Dasselbe betrifft Luft, Wasser, Licht. Selbst die Sprache bezeugt die Neutralität des gesicherten Bedarfs. Es gibt zwar Durst, aber keinen gegenteiligen Ausdruck dafür. Es gibt das Wort Luftnot, aber kein Wort, das die Lust am Atmen beschreibt.

Der Bedarf erzeugt, im Gegensatz zu den Bedürfnissen, erst dann einen Antrieb, wenn es zu einem Mangel kommt. Dann ist dieser allerdings nicht zu bändigen. Bedürfnisse kann man wegstecken, den Bedarf nicht, da es an die Substanz geht. Mangel und Not sind aber nicht beständig, kommen, gehen und ändern mit der Zeit ihre Inhalte. Der Wegfall des Drucks macht die Beschränkungsgebote skurril. Was soll man von der neuzeitlichen Wiederbelebung der Verbotswünsche in welcher Form auch immer halten? Sie sind eine Aufforderung: Zurück in die Steinzeit! - sonst nichts.

Triebe

Das 19. bis 21. Jahrhundert sind ein einziger Siegeszug der Biologie über den Verstand. Alle Gebiete, geographisch wie geistig gesehen, sind betroffen und selbst die konservativsten Regionen wie Religionen einbezogen. Die Menschheit gab sich selbstvergessen ihren Trieben hin, lies sich von diesen leiten, ohne sich Gedanken darüber zu machen, was die Triebe sind, wohin diese führen und wie.

Bedarf und Bedürfnisse sind biologische Automatismen. Über angeborene Vorlieben und Reize animieren sie den Menschen dazu, den Weg seiner Vorfahren zu wiederholen in Allem was gut war. Wir folgen ihnen zunächst widerspruchslos: Ziehen bei Berührung der Mutterbrust saugend die Lippen zusammen, drehen uns auf den Bauch, wenn wir von Eltern auf den Rücken gelegt werden, zappeln mit Händchen und Beinchen, heben den Kopf, torkeln, laufen gegen Widerstände, führen Unbekanntes zum Mund, später zum Gehirn. Die Begegnungen mit der Wirklichkeit wecken Erinnerungen in unserem

Körper an die Erfolge und Niederlagen unserer biologischen Entwicklungsgeschichte, bringen Freuden der Bestätigung oder Schmerzen der Ablehnung. Von Trieben angeführt, reagieren wir auf die Ereignisse und sammeln Erfahrungen. Dabei stimmen wir unsere Organe auf die Realität ein und machen die Wirklichkeit zur Fortsetzung unseres Selbst.

Die Bestimmtheit unserer Triebe hat zu der Vorstellung geführt, die Triebe wären zwanghaft und unkontrollierbar. Der Mensch handelt zwar, weiß aber nicht was ihn lenkt. Wozu Gedanken an das verschwenden, worauf man keinen Einfluss hat?

Man irrt sich. Triebe sind hörige Diener. Sie nötigen ihre Herren nur, wenn diese, aus Sicht der bisherigen Evolution, unangemessen handeln. Mit dem Erwachsenwerden emanzipieren wir uns von dem Zwang der Triebe. Das unbändige Begehren wird zur Selbstbeherrschung, die Unsicherheit zur Gelassenheit, die Lust zur Liebe. Das Reifen setzt nach und nach genetische Formeln der Evolution in eigene Fertigkeiten um. Der Verstand wird zum Bestimmer und bemächtigt sich der Triebe nach und nach. Doch wozu das Tauziehen? Wenn Triebe nur das Beste wollen und anstreben, ist der Verstand dann eine Art Überheblichkeit? Was hat man an den Trieben auszusetzen?

Einiges!

Die gesammelten Erfahrungen der Evolution sind gewaltig, von der Geburt bis zum Alter stehen sie dem Menschen helfend zur Seite. Vollkommen sind sie nicht. So wie die elterlichen Erfahrungen unzureichend für das Moderne ihrer Kinder sind, sind es auch die Erfahrungen der Evolution für die Herausforderungen der Gegenwart. Unser Körper kann keine Antworten auf Situationen bieten, die in der Evolution nicht vorkamen. Dort, wo der Vorrat an vorgefertigten Lösungen endet, muss das Individuelle in das Ungewisse blicken, widersprüchliche Signale empfangen, ad hoc handeln, Verluste erleiden und Störungen in Strukturen und Funktionen des Körpers ansammeln. Erwachsen sein bedeutet eine zunehmende Verwicklung in Auseinandersetzungen, die dem Körperlichen unbekannt sind und anders als erwünscht enden. Das Anhäufen unumkehrbarer Fehler, das Anwachsen der Verluste über die Gewinne auf dem Weg der Entfaltung nennt man altern. Das Altern beginnt nicht im Alter, sondern mit den ersten Schritten, bei denen Strukturen zerstört werden, für deren Erhalt die Evolution noch keine Lösung fand und für die der

Mensch keinen Ersatz findet. Altern und Versagen kennzeichnen die äußersten Grenzen, zu der die Biologie bisher vordrang. Um darüber hinaus zu gelangen, genügt es weder den Bedarf zu regeln noch die Bedürfnisse zu reizen. Man muss dem Menschen und der Menschheit angemessene Ziele setzen, neue Wege gehen, frische Lösungen suchen. Ohne Verstand kommt man da nicht sehr weit.

Auf und davon

Wo willst du denn hin?
Mit etwas Glück – nach vorn.

Widrige Lebensumstände fördern den Verfall. Die Bilder von Vierzigjährigen aus früheren Jahrhunderten zeigen gebückte Greise mit grauen verwitterten Gesichtern, grässlichen Narben an Kopf und Gliedern, zahnlosem Mund, dystropher Haltung, irrem Blick. Die 70-Jährigen der Gegenwart wirken viel jünger und verdanken dies dem höheren Lebensstandard. Mit wachsendem gesellschaftlichen Reichtum stieg zunächst die Lebenserwartung. Sie verdoppelte sich in allen Industrieländern zwischen dem 18. und 20. Jahrhundert, blieb dann aber, trotz weiter anschwellendem Überfluss, stehen. Der Gegenwartsmensch kann sich jede denkbare Verwöhnung gewähren, alle Härten meiden. Warum altert und versagt er? Zumindest einige können ihre Lebensumstände frei wählen. Angeblich drei Prozent der Menschen besitzen so viel wie alle anderen. Warum nutzt dieses enorme Vermögen selbst ihnen nichts? Darum weil, eine „freie Wahl" der körperlichen Vorlieben eine Einbildung ist.
Tatsächlich, woran orientieren wir uns beim „Für und Wider"? - Meist an den angeborenen Gefühlen der Lust oder Abneigung. Folgen wir jedoch diesen Einstellungen, so wiederholen wir neben den Sternstunden auch die Verfehlungen der bisherigen Evolution und rennen direkt in das Unabwendbare. Dabei erkennt der Körper klar das anrückende Altern und die Gebrechen, drängt mit Schmerzen, Missmut, Ungemach auf Kurswechsel. „Tu was", - sagt er: „Ändere was". Der Mensch missversteht diese Zeichen und handelt oberflächlich. Man ist müde, antriebslos, verkrampft. Was hat früher geholfen darüber

hinwegzukommen? Gutes Essen, Musik, Unterhaltung, Sex. Her damit! Und so stopfen die Menschen trotz fehlenden Hungers alles Mögliche in sich hinein, testen Abartigkeiten, experimentieren mit Kräutern, Magneten, Strahlungen, Medikamenten, Drogen, fragwürdigen Verjüngungsmethoden wie Stammzelltransplantationen. Die derart erzeugte „Vitalisierung" ist kurz und beschleunigt langfristig nur den Verfall. Da die Varianten jedoch unerschöpflich sind, geht das verbleibende Leben darauf ein, das Sonderbare auf das vielleicht Brauchbare zu testen.

Die bloße Befriedigung der Körperlichkeit lässt uns beim Stand unserer Vorfahren verharren. Diese lebten höchstens 30-40 Jahre. Noch vor wenigen Millionen Jahren betrug die mittlere Lebensdauer von Affen 10 bis 20 Jahre. Ihre Lebensumstände waren rau und aufzehrend. Die Körperlichkeit deckte diese Zeitspanne ab. Anweisungen, wie man danach lebt, kann uns die Körperlichkeit nicht bieten. Sie hatte einfach keine Gelegenheit, Erfahrungen mit Langlebigkeit zu sammeln. Unsere Vorfahren versagten früh. Wir werden es ebenfalls tun, wenn wir allein den Weisungen unseres Körpers folgen. Das Leben über die biologische Vorbestimmtheit hinaus, benötigt viel mehr als die körperliche Verwöhnung. Es erfordert Ertüchtigung, Anstrengung, Weitsicht über die flüchtigen und laufend wechselnden kurzsichtigen Gefühle.

Schon das Wort Überwindung sagt, dass diese zumindest unangenehm ist und unter Umständen als Strafe anmutet. Wie kann etwas gut sein, was Missmut bereitet und schlicht müde macht? Warum wiederum sträubt sich der Körper gegen das, was ihm dienen soll: geistige und körperliche Übungen, Fleiß, Diät, Verzicht auf Rauchen und Aufputschmittel?

Es handelt sich nicht um Widerwillen, sondern um eine Skepsis, die dem Neuen das Bewährte gegenüberstellt. Erst nach der Überwindung, nach Prüfung und Bestätigung wird das Neue übernommen und der bestehenden Körperlichkeit zugefügt. Nicht alles „was uns nicht umbringt" macht uns stärker. Aber Vervollkommnung ist unmöglich ohne Meisterung von Herausforderungen und Zurechtweisung von Begierden.

Als ich diese Zeilen schrieb wurde ich 58 - ein ganzes Leben könnte man denken. Jesus, Buddha, Sokrates, Aristoteles, Descartes schafften es nicht so weit. Doch auf einmal wurde mir bewusst: Ich habe mich, trotz des fortgeschrittenen Alters, mit dem eigenen Körper noch nie ernsthaft befasst. Ich aß, redete, las, schrieb, arbeitete bis dahin, weil es mir Spaß machte, oder ich Unheil abwendete, aber nicht weil es mich besser machte.

Ist das eine nicht wie das andere, dreht es sich bei beiden letztendlich nicht um das eigene Befinden, Glück und Wohlgefühl?

Nicht ganz!

Beschwerlichkeiten bei Bergwanderungen, Anstrengungen bei der Lösung von Problemen, Hunger zu Fastenzeiten sind stetige Begleiter von Herausforderungen. Je höher das Ziel desto heftiger die Belastungen. Sie schwellen an, bohren, drücken. Die Mühen drängen uns zum Aufgeben. Vor dem Nachgeben, soll man sich fragen: was gewinnt und worauf verzichtet man dabei? Die Last verschwindet doch ein Behagen bleibt entweder aus oder ist verschwunden gleich mit dem Wegfall des Drucks. Die Freuden des Sieges, des gesunden, schlanken Körpers, des klaren Verstandes währen länger. Eben diese Dauer bietet das untrügliche Maß.

Spätestens nach dem 30. Lebensjahr führt alles, was nicht der körperlichen Vervollkommnung dient, zum Verfall. Das wohlhabende Leben bietet wenig Anlass, die körperlichen Weisungen anzuzweifeln. Stellung, Macht, Vermögen, Anerkennung gaukeln längere Zeit Gewinne vor und kaschieren Verluste, erweisen sich jedoch am Ende als ein Haufen Illusionen. Bei dem rastlosen Nachlaufen des Angenehmen rückt unmerklich die Zeit heran, wo man keine Kraft mehr hat, um etwas zu ändern und nur noch zusehen muss, wie alles zusammenbricht. In allen Epochen fanden sich jedoch Menschen, die ihren Trieben trotzten. Schwere Erkrankungen oder gewaltige Erlebnisse überschatteten die Anfänge ihrer Laufbahn und erschütterten die Autorität der Körperlichkeit. Um die Krise zu überstehen, lernten sie mitten in Verwüstung und Gefahr, sich statt vom Körper von ihren Zielen und dem Sinn lenken zu lassen und leisteten Dinge, die dem Gegenwartsmenschen unzumutbar scheinen. Liest man ihre Biographien, Beschreibungen von dem, was sie bewirkten und erreichten, so möchte man nicht recht glauben, dass es solche Menschen gegeben hat. Und doch ist ihr Wirken hinreichend belegt und ihr Werk erstrahlt bis in die Gegenwart.

In ruhigen Zeiten, fern ab von Revolutionen und Kriegen, ist die Körperlichkeit herrisch und selbstverliebt. Das Unangenehme wird ausgeblendet. Der Drang hat viele Tricks womit er seinen Führungsanspruch begründet. Kopfschmerz, Unwohlsein, Hunger machen es schwer, am vollen Kühlschrank vorbei zu laufen. Bunte, sich wechselnde Bilder im Fernsehen, Glamour, Lobhudeleien verführen zum Seitensprung in den „Erfolgs-Rausch". Mitunter wachsen ganze Generationen von Schönwetter-Menschen auf. Diese „goldenen" Zeiten sind weder für den einzelnen noch für die Gesellschaft von Dauer. Wir erleben gerade den Ausgang einer solchen Utopie.

Der Zusammenbruch kommt. Ihn begleitet eine Schar von nur zum Schein zusammenhangloser Misslichkeiten. Weicht man einem Unglück aus, sieht man andere Missgeschicke „Schlange stehen". Die Aussichten sind trübe, die Gestalten, mit denen man immer öfter die traurigen Umstände und die Räume teilt, grässlich. Die „Unbedachten", die „Unschuldigen" trifft das zufallende Leid wie ein Blitz. Wieso ich? Es muss ein Fehler vorliegen. Ich bin meinen Pflichten nachgekommen, habe immer (sofern möglich) gesund gelebt, nicht geraucht, nicht getrunken, nur das Beste gegessen, einiges erreicht. Die Verwunderung sowie die zur Schau getragene Erschütterung über die angebliche Ungerechtigkeit, mit der die Zerstörung des bisher „braven" Lebens von statten geht, sind vorgespielt. Im Inneren spüren alle: Nicht das Leben, der gepflegte Selbstbetrug wird zerschmettert. Bisher waren Schwächen, Krankheiten, Alter und Tod Angelegenheiten der Versager. Sie standen störend im Wege. Wir nahmen die Gelegenheit ihrer Ohnmacht wahr, schubsten die Torkelnden beiseite, überholten die Langsamen und machten uns keine Gedanken. Nun ziehen sich Gewitterwolken über unserem Kopf zusammen und machen keinen Halt vor Vermögen, Anerkennung und Pflicht, wie gewaltig sich deren Bergfrieden auch auftürmt. Wir wenden uns dem bisherigen Leben zu. Dinge, die man für ungeheuer wichtig hielt, die man bisher mit aller Wucht verfolgte, zeigen sich auf einmal als banal, überflüssig, ja lästig. Das mühevoll Erreichte hilft nicht einmal bei den einfachsten Dingen. Was kostet ein einziger frischer Atemzug? Bisher haben wir immerfort ein- und ausgeatmet und uns diese Frage niemals gestellt. Wir haben uns höchstens um die Reinheit der Luft, deren Feuchtigkeit, Temperatur und Aroma gekümmert. Jetzt, wo Lunge und Herz nicht mehr mitspielen und das gelb-grün-schmierige Wasser aus den Beinödemen quillt, stellen wir fest – keine Schätze der Welt reichen für einen erfrischenden Atemzug aus, gleich wie oft wir

Luft holen. Wir haben unserer Körperlichkeit getraut. Jetzt lässt sie uns im Stich und legt noch undankbar nach. Der Vorsatz, in Zukunft alles besser zu tun, ist naiv. Schwimmunterricht bringt auf einem sinkenden Schiff nicht viel. Der letzte Abschnitt ist kurz. Darin ist gewissermaßen eine Milde des Schicksals erkennbar. Als junge Menschen konnten wir tagelang wach bleiben, Hitze und Kälte ertragen, Durst und Müdigkeit wegstecken – damit ist es vorbei. Das Altern verwässert den Willen, macht den Geist verworrener, wehleidiger, hilft aber auch schneller über das Unvermögen hinwegzukommen. Der Vorgang ist selbstbeschleunigend. Jede hinzukommende Fehlfunktion bedeutet eine erhöhte Belastung und Verschleiß des noch Intakten. Im Verlauf stellen wir fest, dass die alltäglichen Dinge: sich aufrichten, etwas anfassen und festhalten, wenige Schritte laufen, Essen einnehmen, Stuhl und Urin halten/entleeren, uns zunehmend schwerer fallen oder öfter danebengehen. Man sucht Ärzte auf und bombardiert sie mit Fragen. Man verlangt, bettelt, droht, betreibt Selbstbetrug und nimmt dankbar Lügen an. Alles umsonst.

Ärzte sind ein Spiegel der Menschheit und teilen deren Verblendungen. Sofern gesund, denken Ärzte bei Krankheiten vor allem an den Zuverdienst. Sie setzen ihre Bemühungen dort an, wo ihnen Mittel zufließen. Man kann das Leben nicht kaufen, die Umstände schon. Je nach Geldbörse bekommt man eine angepasste Umgebung, umfassende Pflege, einen Zahnersatz, Medikamente, künstliche Beatmung, Versorgung auf der Intensivstation. Alle diese Maßnahmen entlasten verbleibende körperliche Funktionen und fügen keine neuen hinzu. Man soll die Bedeutung solcher Eingriffe nicht kleinreden. Die Fortschritte in diesen Bereichen der Medizin sind großartig. Da sie die Lebensfähigkeit über die Zeit der kritischen Belastung aufrechterhalten, geben sie dem Körper die Gelegenheit, Reparaturprozesse einzuschalten. Heilend ist dabei allein die Kraft der Natur.

Solange bezahlbar, stützt die ärztliche Kunst das noch vorhandene Leben bis der letzte Funken erlischt. Vom einstigen Lebewesen selbst bleibt dabei immer weniger übrig: beatmete Körper, Gewebebanken, Zellkulturen, klonierte Gene. Die Selbstständigkeit der Überreste schmilzt dahin bis man diese in den Ausguss schüttet. Was könnte, was sollte man anders machen?

Nun - das Leben mehren. Nicht befriedigen, sondern bereichern – nach den Sternen greifen nicht irgendwann, sondern sobald sich die geringste Gelegenheit dazu ergibt. Nicht anhäufen, sondern gestalten und hervorbringen, hierfür alle Sinne offenhalten und suchen, streben, wachsen, lieben, schöpfen in alle Ewigkeit. Die Kulturgeschichte bietet alles Notwendige und der Körper wird hilfsbereit stets auf unserer Seite sein. Zuallererst muss man aber sich selbst entdecken, herausfinden woher man kommt, was man ist und was man tun soll.

Teil II

Das Be- und Unbelebte

"Tamensi movetur!"

Laut Platon ist das Leben eine sich entfaltende Idee, die ihre Verkörperung in der kosmischen Geschichte findet. Ich nenne es auf den Punkt gebracht und kann aus biologischer Sicht nichts zusetzen.
Lächerlich! Höre ich zugleich den Einwand. Womit kann Platon der modernen Biologie beitragen? Die Antike hatte keine Ahnung von der Organik, Biochemie und Molekular-Genetik.
Stimmt! - und dennoch. Antike und Mittelalter kamen in Vielem dem Leben näher als die Gegenwart. Vor Zweieinhalbtausend Jahren zählte Platon Eins und Eins des damaligen Wissens zusammen, erkannte und formulierte in klaren Sätzen das, wofür die gehetzte Moderne den Zugang verlor. Zu viele Einzelheiten kamen hinzu, schoben sich als eine unverdaute, unverstandene, undurchsichtige Masse dazwischen und versperrten den Blick.
Die Kenntnis von Gensequenzen und Strukturen komplexer Moleküle des Lebens ist zwar fortschrittlich, aber für das Verständnis von Prinzipien der lebendigen Organisation entbehrlich. Umgekehrt, zu viele zusammenhanglose Details erschweren die Sicht. Kehren wir zurück, versuchen wir den verlorenen Faden aufzuheben und in der Hand zu behalten. Mehr als Grundwissen braucht man hierzu nicht.

Lebensfunke

Feuer symbolisiert Vitalität. Ist Feuer Leben? Ähnlich sind sie. Verwandt? Vielleicht, wenn auch entfernt. Beide überführen die Energie des Substrats aus einer in eine andere Form. Das Wesen des Brennens und des Lebens unterscheiden sich jedoch grundlegend.

Bei niedrigen Temperaturen ist Energie im Substrat gebundenen. Hebt das Feuer die Temperatur bis zur kritischen Grenze, so beschleunigt es die Vorgänge der Freisetzung aus dem anliegenden Substrat. Nun kann das Feuer um sich greifen und immer entlegenere Bereiche einbeziehen. Die Ausbreitung des Feuers hinterlässt eine Substratwüste. An einigen Stellen verweilt das Feuer länger, an anderen kürzer. Verglühen die letzten Brandherde, erlischt das Feuer.

Die Kraft des Lebens entsteht wie beim Feuer aus dem Einbeziehen des Entlegenen in das Laufende mit Ausnutzung der gebundenen Energie. Anders als beim Feuer richtet sich das Leben nicht bloß auf den Verbrauch von Energiequellen. Das Besondere am Leben ist die Dauerhaftigkeit, die Ausrichtung auf die Sicherung des Vorgangs. Der Erfolg ist nicht an der jeweiligen Energieentfesselung, sondern an der Fortsetzung messbar. Das Streben zur Ewigkeit ist die Grundausrichtung jeder Lebensform.

Genesis

Die Antworten auf „unlösbare" Fragen sucht man meist in der Ferne – im Kosmos, bei den Außerirdischen, bei Gott. Dabei sind es gerade die Alltäglichkeit und Nähe, ja Banalität der Phänomene, die uns ihr Erfassen und Verstehen versperren.

Wenn wir das Gemeinsame solch verschiedener Vorgänge wie der chemischen Autokatalyse, des organischen Lebens und des menschlichen Geistes mit einem Wort beschreiben sollten, dann trifft das Wort Durchsetzungsvermögen am besten zu.

Durchsetzung wovon?

Durchsetzung einer Erneuerung. Die Autokatalyse, das Leben und der Verstand setzen sich gegenüber dem allgemeinen Trend durch, behaupten ihre Freiheit zur Entfaltung gegenüber äußeren Zwängen.

Geht es bei diesem Widersetzen um den Krieg, den Heraklit zum „Vater aller Dinge" hob?

Wenn, dann ist es der Krieg der Voraussicht und des Könnens gegen den Stumpfsinn des Geschoben-seins.

Die Bequemlichkeit rät, sich den Umständen zu ergeben, deren Weisungen zu folgen, dorthin zu gehen, wohin der Sog des Windes, des

Wassers, der Schwerkräfte und des Lichtes uns gerade lenkt. Das Sich-Widersetzen erhöht die körperliche Anfälligkeit, tut weh, strengt an, verbraucht. Der globale Energiefluss ist ungnädig gegenüber dem Widerspruch und zerstört alles auf seinem Weg. Das Widerspenstige wird zerbrochen, aufgerieben und in alle Winde verweht. Das Leben bleibt davon unbeeindruckt, stellt sich trotzend den Umständen in den Weg, steckt geduldig deren Schläge ein. Der Grund hierfür ist einfach. Eigenwille und Trotz des Lebens bezwecken nicht die Sturheit. Im Gegenteil, Leben lässt sich gern von Wind und Wasser tragen und von Sonnenstrahlen wärmen, wenn es diesem behagt. Der Widerstand des Lebens dient einer Erneuerung und Erweiterung.

Dies führt zu einer interessanten Schlussfolgerung: Die Mühen und der Trotz gelten von Anfang an nicht den Umständen (der Druck entsteht erst durch den eigenen Widerstand), sondern der Überwindung der eigenen Unzulänglichkeiten. Das Aufbegehren dient dem Auffinden richtiger Lösungen, der Züchtigung des Schweinehunds im eigenen Ich. Die Unkosten des Widerstandes sind Abnutzung und Verbrauch. Das Leben gibt einen Teil von sich preis, um besser zu werden. Das Absterben ist das Wechselgeld der Erneuerung. Selbstverwirklichung ist das Streben zur Vervollkommnung.

Gelegenheit

Der Mensch ist groß, das Leben in seiner Gesamtheit überragt ihn bei weitem. Dennoch, verglichen mit dem Universum ist selbst die fortschrittlichste aller uns bekannten Lebensformen winzig und verfügt nicht über einen Bruchteil der Kräfte des Alls. Noch zerbrechlicher war das Leben bei dessen Entstehung. Jetzt, wie damals, musste das Leben mit dem auskommen, was es gerade hat. Ein Fisch kann auf dem Trockenen weder atmen noch laufen, ein „Ur-Meerschweinchen", von dem Säugetiere abstammen, kann nicht fliegen und schon gar nicht Bücher lesen oder schreiben. Dennoch eignete sich das Leben während der Evolution vielfältige Eigenschaften an, die in den Anlagen eines Virus oder Bakteriums nicht erkennbar geschweige denn vorprogrammiert waren. Die Fähigkeiten zum Schwimmen, Laufen, Fliegen, Denken kommen nicht auf das Leben niedergeprasselt, werden nicht von Mutationen aufgesetzt oder durch höhere Kräfte verliehen. Sie sind ganz und gar das Verdienst des Lebens selbst.

Das autokatalytische Molekül ist klein, anfällig, kann sich nicht selbständig bewegen – was soll's! - Es nutzt zunächst Wasser und Luftströme zu seiner Ausbreitung, lernt darüber die Fortbewegung schätzen, ergreift hierzu verschiedene Gelegenheiten bis es sich im Laufe der Evolution Flossen und Beine zulegt und später Schiffe und Raketen baut.

Es hat keine Augen nicht einmal Rezeptoren, um die Umrisse der nächsten Wirklichkeit zu erkennen, – Wenn schon! - Es vermehrt sich, füllt die verfügbaren Räume, stößt an Grenzen, findet einfache, dem jeweiligen Entwicklungsstand angemessene Mittel, Barrieren zu überwinden und diese sogar zum eigenen Vorteil zu nutzen. Hindernisse werden dabei zu Schutzhüllen, Gefahren zu Werkzeugen und Waffen. Das Leben erreicht die entferntesten Winkel des Erdreiches und Universums. Vorerst ohne aufwendige Geräte wird es mit Luftströmen in die Stratosphäre und mit Kometenstaub zu den Sternen fortgetragen, und die Weltraumsonden entdecken auf Asteroiden komplexe organische Substanzen. So wie Amerika vor Europäer besiedelt war, streckte das Organische seine Ausläufer lange vor dem ersten Raketenstart in den Kosmos. Ich wäre nicht überrascht, wenn eines Tages Kosmonauten fremde Welten erreichen und finden, dass irdisches Leben schon lange vor ihnen dort angekommen war und unerwartet fruchtete.

Das Geheimnis des Erfolgs ist einfach. Wo das Leben keine entsprechenden Organe und Fähigkeiten hat, bindet es Zufälle in die eigenen Bestrebungen ein und kommt mit deren Hilfe voran. Natürlich sind Fleiß, Arbeit und Beharrlichkeit wichtig. Sie stellen jedoch Vorbedingungen her, bringen durch Erneuerung mit Vermehrung das primitive Leben an unerwartete Gelegenheiten heran, die es zu seinem Aufrichten nutzen wird. Um welche Gelegenheiten es sich handelt, erfahren wir erst im Nachhinein. Es ist unmöglich, vorherzusagen, ja sich vorzustellen, welche Zufälle das Leben treffen und wann es diesem das Vorwärtsstreben ermöglicht, da man weder die Wirklichkeit noch die Umstände vollständig kennt, kennen kann. Man kann aber dennoch gewiss sein, dass diese helfenden Umstände kommen und das Leben in einer Weise verändern werden, die für die Gegenwart undenkbar ist. Je nach Besonderheiten des Zufalls wird die Art und Weise des

Fortschritts unterschiedlich sein, dennoch hat der Ausgang mit dem Zufall wenig zu tun. Denn was, wo und wie das Leben es auch unternimmt, es ist die Realität, die ihm Geleit bietet.

Das Denken

Der Umstand, dass eine Eingebung mehrheitlich für genial gehalten wird, ist noch keine Garantie dafür, dass diese von dem Autor treffend verfasst, von der Nachwelt richtig verstanden und umgesetzt wurde. Die Gratwanderung zwischen Großartigem und Peinlichem ist schmal „Ich denke, also existiere ich".
Wie bitte? Der Stein denkt nicht, also existiert er nicht? Hm..m!
Die einzige haltbare Interpretation des Descartischen Spruchs ist – „Ich denke, also lebe ich". Es geht auch einfacher: Denken bedeutet leben - leben heißt denken.
Soll das heißen, dass das Denkvermögen jedem Leben eigen ist?
Ja! Denken ist das Eigentliche an jedem Leben.
Was? Viren, Bakterien, Schleimpilze sollen denkend sein, womöglich darin mit dem Menschen vergleichbar? Zeigen nicht alle Tests, wie dumm sonstige Lebewesen sind? Folgen Tiere nicht einem Programm ähnlich einer mechanischen Ente, einem Roboter oder Computer? Sind sie nicht chemische Reaktionen der Vermehrung?
Nein!
Tests, welche den Tieren Dummheit bescheinigen, untersuchen Reaktionen und bestätigen ihre Vorbestimmtheit. Denken und reagieren ist aber nicht dasselbe. Auch beim Menschen denkt nicht alles mit. Der Bauch (süß oder übel), die Augen (die Sonne bewegt sich), die Ohren (der Ton schwillt an), der Argwohn (ich haue gleich zurück) springen ohne nachdenken ein. Reflexe sind vorgefertigte Reaktionen, die die Orientierung erleichtern, nicht aber dem Denken entsprechen.
Leben bedeutet Sich-Durchsetzen gegen die Zwänge der Umstände, unter Ausnutzung eben dieser Umstände und auf deren Kosten. Denken ist ein Auffinden von Lösungen für den Eigensinn.
Es klingt „unerreichbar gehoben", ist es aber nicht. Die Ansätze zum Eigensinn sind überall in der unbelebten Natur zu finden.
Durchsetzungsvermögen gegenüber dem allgemeinen Trend beginnt

mit der Autokatalyse. Der Autokatalysator lenkt die umgebenden Reaktionen in eine auf seine Vermehrung ausgerichtete Richtung und trotzt dabei der eigenen Zerstörung.

Das Leben ist eine Evolution des Durchsetzungsvermögens, das dem Anorganischen seinen Willen aufdrückt. Der Unterschied zwischen dem Autokatalysator und dem Menschen ist seine immense Erfahrung, die bei der Evolution des Durchsetzungsvermögens gesammelt wurde. Verfolgen wir in groben Zügen wie es hierzu kommt.

Rezeptor-Reiz-Wahrnehmung

Ein Einzeller schwebt im Wasser. Für ihn ist die Wirklichkeit in allen Richtungen gleich zusammengesetzt. Seine Werkzeuge sind daher gleichmäßig über der Zelloberfläche verteilt. Teilt sich der Einzeller, ohne dass die Tochterzellen auseinanderdriften, so bekommt die Wirklichkeit Dimensionen wie neben, innen und außen. Mit der Aufteilung in einen Vier- oder Mehrzeller kommen weitere Merkmale hinzu. Zwar werden Oben, Unten und Neben nicht als solche empfunden, denn Sinnesorgane, Gehirn etc. fehlen auf dieser Entwicklungsstufe. Diese Organe sind jedoch nicht erforderlich.

Der Ausgang einzelner biochemischer Reaktionen fällt an der Oberfläche eines Einzellers in gleichmäßiger Umgebung gleich aus. Im Verband ist dies nicht mehr der Fall. An der Grenze zur Nachbarzelle ist die Wirklichkeit deutlich anders. Die Prozesse laufen und enden an der Innenseite anders als gegenüber. Die auftretenden Unterschiede zeigen der Zelle wo innen und außen ist. Dabei ist nicht jeder Abschluss erforderlich. Wozu der Durchlauf eines Prozesses, wenn schon die Anfänge zeigen, dass das Ende unerreichbar ist? Das Leben meidet unnötigen Aufwand. Wenige Schritte, die für den positiven-negativen Ausgang der jeweiligen Kaskade am zuverlässigsten sprechen, sind die ursprünglichen Rezeptoren.

Das Agieren entsprechend den Anzeigen von Rezeptoren (Reizen) verleiht dem Leben eine dem Entwicklungsstand angemessene Voraussicht. Diese Voraussicht mag primitiv sein – ihre Stärke ist die Angemessenheit. Die maximale Aussagekraft bei geringstem Aufwand – ist ein grundlegendes Prinzip, das auf allen Ebenen der lebendigen Organisation angestrebt wird.

Eine Analysenpause, die zwischen dem Reiz und der Reaktion eingeschaltet ist, bildet das Wesen der Wahrnehmung. Wahrnehmen heißt Reize empfangen und ordnen, ohne auf diese unmittelbar zu reagieren. Sich aus der Vielzahl an Reizen und Wahrnehmungen für die sinnvollsten zu entscheiden ist die Funktion des Verstandes. Die Analyse der Wahrnehmungsinhalte gewichtet die Situation, sortiert und ordnet Reize gemäß der besseren Reihenfolge des Angehens. Kräfte, die sonst im Zickzack-Streben verbraucht wären, können direkt auf das Ziel gerichtet werden.

Man sieht: Das Denken bedarf keiner besonderen Vorrichtungen. Schleimpilz oder Mensch: Das Leben nimmt wahr genau so viel, wie zu seiner Entfaltung ausreicht. Man muss nicht spüren, um wahrzunehmen, man muss nicht sehen, um Visionen zu pflegen. Die Schwerkraft, die Chemie, die Realität greifen in Abläufe der Lebenstätigkeit ein und können zur Einschätzung der Situation herangezogen werden. Auf jeder Ebene: Zelle, Organ, Organismus, Gesellschaft - die Wirklichkeit wird nicht als abstrakte, in sich geschlossenen Naturgesetze erfasst, sondern als eine Geographie an Gelegenheiten und Hindernissen für die Ansprüche des Lebens wahrgenommen. Wir setzen das Denken mit der Entwicklung des Gehirns, der Mathematik und Wissenschaften gleich. Es sind bloße Gratwanderungen. Wahrnehmen, analysieren, umsetzen – kurz das Denken ist das, was das Belebte von dem Unbelebten unterscheidet. Körperlichkeit sind fleischgewordene Lehrsätze. Auch aus biologischer Sicht ist das Leben daher eine fortgesetzte Entwicklung der Geisteswerkzeuge.

Es bleibt dabei, Leben ist Denken!

Teil III

DIE GENE

Wie die gen-Karten so fallen

Der Irrtum ist tot - lang lebe der Irrtum!

Ein Zahnstocher, eine zerbrochene Flasche am Tatort, Lehm an der Schuhsohle bieten in Sherlock Holmes Kriminalgeschichten einen gleichermaßen eleganten wie überraschenden Schlüssel zur Aufklärung unlösbarer Fälle. Die Namen einzelner Literaturhelden werden einst vergessen sein. Die Begeisterung für die Entwirrung verzwickter Zusammenhänge ist zeitlos. Das Entlocken geheimer Botschaften aus banalen Details demonstriert die Macht des Denkens und animiert dazu, sich darin zu versuchen.

Sterne leuchten und bilden Muster. Ihr Licht zieht in der Dunkelheit die Blicke geradezu magisch an. Nacht für Nacht und Stunde für Stunde ändert sich die Anordnung in einer bestimmten Weise. Sieh, da ist gerade ein Stern gefallen, da leuchtete einer auf und dort wechselt der Stern seinen Platz. Schon einfache regelmäßige Beobachtungen ließen Menschen feststellen, dass Vorgänge am Himmel und der Erde zusammenhängen und das Auftreten gewisser Sternenmuster irdische Ereignisse ankündigen. Es hat nicht lange gedauert und die Menschen lernten, aus den Sternen die geographische Lage, Sonnen- und Mondfinsternisse, Kometen, den Wechsel der Gezeiten abzuleiten. Die Annahme lag in der Luft: Wenn die Anordnung der Sterne solch spektakuläre Vorgänge bestimmt, müssen diese nicht umso einschneidender in weniger gigantische Ereignisse eingreifen und Politik, Ausgang von Schlachten, Geschäfte, Reisen und Unternehmungen lenken? Man ahnte nichts von dem Wesen der Sonnen. Es fehlte die Vorstellung woraus Sterne bestehen, warum sie leuchten oder wo und wie weit entfernt sie sind. Dennoch glaubte man fest daran, dass die wandernden Leuchttürmchen des Himmels die Schicksalswendungen menschlicher Mühen abstecken. Den Einwand, man könne den Sternen nichts vorschreiben und somit etwas an der Vorbestimmung ändern, nahm man nicht ernst. Ja, die Sterne lassen sich nicht beeinflussen, die von ihnen angekündigten Ereignisse ebenfalls nicht, aber man kann den Ereignissen ausweichen, sich auf diese einstellen und Vorbereitungen treffen. Schließlich tut man es bei den Gezeiten ebenso. Wer Ereignisse voraussieht, ist den Unbedachten im Vorteil schon deswegen, weil er sich schon im Hochsommer eine passende Winterkleidung zulegt. Wer bessere astrologische Karten hat - gewinnt. Und wer hat diese? – Wer dafür etwas tut, am besten zahlt!

Die Astrologie wurde hoffähig und stand plötzlich im Geldregen. Ihre Aussagen waren inhaltslos, die Voraussagefehler eklatant, dennoch stellte niemand die Möglichkeit in Frage, die Zukunft in den Sternen zu lesen. Fehler schrieb man einfach der Inkompetenz einzelner Horoskope und Verfasser zu. Um Pfusch zu vermeiden, holte man renommierte Meinungen ein oder überprüfte die Gestirne persönlich, wie Wallenstein es vor jeder Entscheidungsschlacht tat. Bei all dem astrologischen Treiben ging es nicht um ferne Welten, nicht um die Ausdehnung und Beschaffenheit des Alls oder die Stellung des Menschen im Universum, sondern um schmalspurige Privatintentionen. Die Mittel flossen den Hochstaplern zu, deren Sternendeutungen den Wünschen der Auftraggeber am nächsten kamen. Das Ergebnis waren zahlreiche Horoskope: verschroben und selbst für die Geschichtsforschung bedeutungslos.

Aus heutiger Sicht erscheint diese Verschwendung höchst verwunderlich. Was hätte man mit einem winzigen Bruchteil dieser Mittel erreichen können! Nichts wäre anders. Die Geschichte kennt keinen Konjunktiv. Die eigentliche Botschaft der Sterne war den Geldgebern gleichgültig. Keine Vernunftgründe geschweige denn wissenschaftliche Auslegungen hätten etwas daran ändern können. Was hätten die Geldgeber mit dem Brodeln des Sonnenplasmas beginnen können? Wie würden diese Kenntnisse ihnen bei den Intrigen, Schlachten und Geschäften helfen? Argumente haben kein Gewicht gegen Eigennutz. Enttäuschend? – Mitnichten!

Wir überschätzen die destruktive Wirkung des Irrtums, der Anmaßung, der Lüge und Täuschung. Die stille und zurückhaltende Art des Wahren kommt nicht von der Schwäche gegenüber dem marktschreierischen Drängen des Eigennutzes, sondern von der Konzentration auf das Wesentliche und der Abscheu vor Ablenkung. Denn allem Schein zum Trotz - nicht Lüge, Gier und Geld, sondern die Wahrheit regiert die Welt. Allerdings arbeitet die Wahrheit nicht ausnahmslos mit hellen Köpfen. Sie scheut nicht vor Minderbelichteten zurück und nutzt jeden Stoff, selbst Dreck und Staub, zu guten Zwecken. Das Geniale ist launisch. Wann, wo und wen die Eingebung streift, sei dahingestellt – das menschliche Wesen ist zu schwindelig und kurzlebig. Die „Fangstricke des Eigennutzes" dagegen vermögen selbst Wesen mit einem Wurmgehirn zu erfassen, mitzureißen und in den Fortschritt einzubinden. Die Geschichte der Astrologie illustriert dies wie keine andere.

Während die „Mächtigen" das Geld für Horoskope verschwendeten, förderten sie unbeabsichtigt die Entwicklung von Werkzeugen zur Sternenbeobachtung, trugen dem Erstellen und Ordnen von Sternenkarten bei. Dabei verrieten die Sterne stets etwas anderes, als das, wonach man diese befragte. Die Unnachgiebigkeit des Himmels führte aufmerksame Beobachter unweigerlich zu Schlüssen, die weit über die ursprüngliche Fragestellung hinausgingen. Wahrlich fanden die entdeckten Neuheiten bei den Auftraggebern kein Gehör und lösten alles andere als Begeisterung aus. Die Sanddünen des Egoismus leisten nur dem Wind der Umstände Folge. Ihre Sandkörner hüpfen nach oben, um gleich danach unter der Last der Neuankömmlinge zu verschwinden. Aber auch Sanddünen sind nützlich. Sie bieten Eidechsen, Käfern und Schlangen Lebensraum, gewähren Wind- und Sonnenschutz für Karawanen. Zwischen Sandbergen von Eitelkeiten wandernd, vermochten Kopernikus, Galileo, Brahe und Keppler den Weltraum zu kartieren und unseren Lebensraum in die Unendlichkeit auszudehnen. Dank ihrem und dem Werk vieler anderer wissen wir inzwischen: Die Sterne bestimmen nichts. Sie sind passive Statisten des Alls. Ihr Leuchten verrät uns Entfernungen und Struktur des Universums. Nicht die Sternenkonstellation lenkt die Naturereignisse. Masse, Raum und Zeit ordnen die kosmische Materie. Mit diesem Wissen sind wir aus Beobachtern zu Akteuren geworden, fliegen ins Weltall und nutzen den Weltraum.

Die Macht der Gedanken liegt nicht in der Wahl der richtigen Worte, Worte wiegen nichts, sondern in den Horizonten des Machbaren, die sie erschließen. Ihre Früchte sind unbrauchbar für den Eigennutz, lassen sich nicht usurpieren. Die Sprache der Schöpfung kennt keine

Exklusivrechte von Individuen, Klassen und Nationalität. Atom wird griechisch, (al)Chemie – arabisch, Sputnik – russisch, Chip – amerikanisch bleiben, von der Menschheit stammen und allen gehören. Während das Ego sich dem nächstliegenden eigenen Vorteil widmet, gegen Mauern rennt und in Schluchten und Tümpeln landet, addiert sich die Wirkung in echten Perspektiven nach wenigen Generationen zu Startrampen, Raketen und Weltraumstationen. Die Weitsicht hisst ihre Segel im Gegenwind, rudert der Freiheit sich öffnender Möglichkeiten entgegen. Der Eigennutz folgt dem geringsten Widerstand, drückt und quetscht sich in jeden auftuenden Spalt zwischen den hüpfenden Sandkörnern, meidet Peitschenhiebe der Umstände. Beide bringen die Menschheit nach vorn.

Seit den Zeiten der Astrologie und Alchemie sind Wissen und Können enorm gestiegen. Die einstigen Denkfehler werden im Grundschulunterricht als Beispiele für Borniertheit und Dummheit verspottet. Sie erscheinen tatsächlich mehr als lächerlich aus Sicht der Gegenwart. Vor einem solchen peinlichen Hintergrund könnte man denken, eine Wiederholung wäre unmöglich. Wer möchte sich denn so blamieren. Die Menschheit hat die Pseudo-Wissenschaftlichkeit abgeschüttelt und würde niemals wieder auf die gleichen Fehler hereinfallen. Weit gefehlt! Die Themen wechseln, die Beweggründe und Handlungsmuster bleiben. Der Irrtum hält mit dem Progress Schritt. Eigentlich läuft der Irrtum vor dem Fortschritt her, wie man es bei der Genforschung sieht. Denn die Verheißungen und Konzepte der heutigen Mainstream-Genetik sind wie abgeschrieben von der Astrologie. Selbst die Anfänge ähneln sich.

Nukleinsäuren wurden als Gene identifiziert. Die Sequenzierung der Nukleinsäuren offenbarte bestimmt angeordnete Muster von vier Buchstaben (Nukleotiden). Diese Anordnung war bei einigen Krankheiten auffallend verändert. Die Annahme lag nah: Die verkehrte Reihenfolge der Buchstaben bringt Krankheiten hervor. Wenn die Anordnung der Nukleotiden so gravierend wirkt, müssten Sequenzen nicht ebenfalls geistige und körperliche Anlagen des Menschen bestimmen? Könnte man nicht die Folge der Gen-Buchstaben nutzen, diese frei umschreiben, dabei Krankheiten abwenden und körperliche Fähigkeiten fordern?

Heute fließen enorme Mittel in eine Forschung, die vorgibt, fast alle Fragen des biologischen Seins mit der richtigen Zusammensetzung der

Gene zu beantworten. Alles was man hierfür braucht, ist, die nötigen Muster aufzudecken und einzusetzen. Es wird sequenziert, aufgezeichnet, katalogisiert und analysiert. Die Nachrichten melden täglich neueste Entdeckungen von Genen der Langlebigkeit, der Intelligenz, der Fettsucht, der Anmut und Schlankheit. Man bietet diese schon jetzt zur Diagnostik und Vorbeugung an und arbeitet an der gezielten Genveränderung. Wer nicht mitmacht, kommt womöglich zu spät. Wer nicht investiert, verpasst den Anschluss an die Zukunft.
Der Gegenwartsleser wird mich verwundert fragen: Was ist daran falsch?
Alles: der Vorsatz, die Versprechungen und die Perspektiven. Denn Gene wie Sterne bestimmen nichts, die ersten kartieren die Evolution des Lebens, die zweiten die des Universums.

Wer im Körper das Sagen hat

Der Mensch entsteht aus einer einzigen befruchteten Keimzelle. Diese teilt sich. Die Tochterzellen tun es ebenfalls. Die aufeinander geschalteten Teilungen formen ein dichtes Konglomerat. Milliarden von Zellen agieren auf engstem Raum, ohne dass eine die andere stört. Anders als man es bei der explodierenden Komplexität erwarten würde, schaffen die hinzukommenden Zellen Platz für sich und weitere Zellen, erweitern gemeinsame Funktionen und Möglichkeiten des Verbands. Hierzu verwandeln (differenzieren) sich die bestehenden wie hinzukommenden Teilnehmer im Sekundentakt. Jede Zelle tut es auf eine andere Art, jedoch so, dass alle Zellen sich gegenseitig ergänzen und vervollständigen. In Folge bilden sich Gewebe und Organe: Rumpf, Hände, Beine, Kopf. Eines Tages wachen wir in diesem Gewühl auf, öffnen die Augen, strecken die Ärmchen, stellen uns auf die Beinchen und nennen es selbstverliebt „Ich". Von da an gehorcht der Körper unseren Befehlen. Der Wille ist König in einem Reich von 100 Billionen emsiger Untertanen mit allen sich daraus ergebenden Privilegien und Pflichten. Der Wille pflegt, ernährt und verwöhnt den Körper, treibt ihn an, kann diesen auch zugrunde richten. Ob richtig oder falsch, seine Beschlüsse entscheiden über Leben und Tod jeder einzelnen Zelle und des Körpers. Die Macht des Willens über den

Körper scheint enorm zu sein. In Wirklichkeit ist sie äußerst beschränkt. Gestalten kann der Wille den Körper und seine Zellen nicht, ihnen etwas vorschreiben - ebenfalls nicht. Der Wille lenkt wenige vorgefertigte Reaktionen. Auf die meisten Vorgänge im Körper hat der Wille keinen Einfluss. Zellteilung und Differenzierung, Aufbesserung von Knochen, Erneuerung von Muskel-, Blut- und Nervenzellen gehen ihre eigenen Wege. Der Wille kann weder die Farbe der Haare bestimmen noch die Anordnung der Zellen im Gewebe ändern - nicht ohne Grund. Seine Intelligenz reicht hierfür nicht im geringsten aus, seine Einmischung, auch bei besten Absichten, wäre ein Desaster. Einzelne Zellen sind in ihrem unmittelbaren Aufgabenbereich weit erfahrener als der sie lenkende menschliche Verstand und sind bereit nur den Weisungen zu folgen, die mit dieser Erfahrung übereinstimmen.

Was aber gestaltet den Körper dann?

Zu Zeiten Galvanis dachte man es seien elektrische Ströme. Dann widmete man sich den Eigenschaften neu entdeckter organischer Substanzen. Die Menschheit wurde euphorisch, als sie lernte Baustoffe des Lebens zu isolieren, zu analysieren und sogar nach und nach nachzubauen. Wie es sich zeigte, dienten einige organische Substanzen der Energieversorgung, dem Stoffwechsel, andere der Struktur. Welche Moleküle waren aber der Erbsubstanz und den Vorgängen der Vererbung zugeordnet? Vielversprechend waren Eiweiße wegen ihrer Vielfalt und Einmaligkeit des Aufbaus. Zeitgleich entdeckte Nukleinsäuren schienen dagegen entbehrlich. Während sich bei der Spaltung unterschiedlicher Eiweiße jeweils eine andere einmalige Zusammensetzung der Bausteine ergab, brachte die Spaltung von Nukleinsäuren eine stupide Anhäufung von vier Nukleotiden. Die Einschätzung änderte sich, als die organische Analytik es lernte, nicht nur Spaltprodukte zusammenzuzählen, sondern auch ihre Anordnung im Original zu rekonstruieren. Es fiel auf, dass die Reihenfolge von Nukleotiden in den Nukleinsäuren nicht zufällig ist, sondern wie Buchstaben im Text, einmalige Muster bildet. Als es sich weiterhin herausstellte, dass Nukleinsäuren in einem Doppelstrang vorliegen, der aus zwei sich spiegelnden Ketten besteht, und dass sich diese Ketten nach der Auftrennung in Einzelstränge Buchstabe für Buchstabe, erneut zu ursprünglichen Doppelsträngen vervollständigen, wurde klar: Nukleinsäuren sind die Träger der genetischen Information und Vorlagen für deren Vermehrung.

Es dauerte nicht lange und man fand heraus, wie man an die Geninhalte kommt. Zum einen können Gensequenzen verschiedener Zellen und Organismen verglichen werden. Das Auftauchen einzigartiger Gene im Zusammenhang mit speziellen Funktionen und körperlichen Eigenschaften sprechen dafür, dass besondere Gene eben diese Eigenschaften kodieren. Zum anderen können die Bedingungen im Labor so gestaltet werden, dass die Zelle, um zu überleben, gezwungen wird, nur spezielle Abschnitte des Genoms zu lesen. Die Inhalte der genetischen Information werden dabei an den ausgelösten biochemischen und Reifungsschritten sichtbar. Zuallerletzt, die Sequenzen der Gene lassen sich Abschnitt für Abschnitt verändern. Die nachfolgenden Effekte für Lebensfähigkeit können dann verfolgt werden. Bei einigen Sequenzen zeigt selbst der Austausch der kompletten Länge keine Wirkung, bei anderen verändert ein einziger Buchstabe die Funktion dramatisch. Da Organismen ihre Gene lesen, nicht aber ändern können, ist die Anordnung von Buchstaben in den Genen primär und entscheidend für die Funktion. Andere Sequenzen bedeuten automatisch eine andere Wirkung und Eigenschaften. Der Augenfarbe, Körpergröße, Intelligenz, Langlebigkeit liegen jeweilige Genmuster zugrunde. Würden wir diese erkennen und ändern, so könnten wir körperliche Eigenschaften bestimmen und Krankheiten heilen. Alles was hierfür erforderlich ist, ist die gezielte Zusammenstellung gewünschter Gene.

Die vermeintlichen Möglichkeiten der Gentechnologie schürten zugleich Ängste. In einer von Gier und Macht geprägten Gesellschaft ließen sich Gesundheit, Schönheit und Intelligenz, Sequenz für Sequenz, einfach kaufen oder verordnen – eine Vorstellung, die nicht jedem behagt. Wollen Sie Intuition – bitte, den Körper eines Supermodels – bitte, aber auch ausgefallene Wünsche wie – Augen eines Adlers, Stärke eines Bären selbst Pegasus-Flügel oder monumental königliche Formen einer Sphinx wären denkbar. Zahle und, gleich was du auch warst, werde was immer du willst. Und was wird aus dem mittellosen Rest? Auch mit dem lässt sich gewinnbringend etwas anfangen - von Sexpuppen bis zu Arbeitssklaven jeder Art: gehorsam, zuverlässig, dabei zufrieden und anspruchslos - alles ist drin.

Jedem Zeitalter ist Größe wie auch Albernheit eigen. Die Chimären der Antike kehrten nach Jahrtausenden wieder und wurden wie reale

Wesen behandelt. Spidermänner, X-Mutanten, Zombies und andere Hirngespinste vereinnahmten die Unterhaltungskultur. Die tatsächlichen Erfolge der überaus kostspieligen Gentechnik blieben bescheiden. Lediglich einfache Gene, die unter dem Selektionsdruck (Antibiotika-, Herbizid- etc. Resistenzen) stehen, ließen sich für die Dauer des äußeren Druckes in Organismen einbringen. In natürlicher Umgebung wurden die „fremden Sequenzen" schnell ausgesondert. Etwas Besseres kam nicht zustande. Das Einbeziehen renommierter Einrichtungen, mehr Geld, effizientere Geräte brachten keine Wende und werden es in Zukunft auch aus folgenden Gründen nicht können: Gene bestimmen nichts! Bestimmend sind die Inhalte. Gene liefern inhaltliche Vorlagen, ähnlich den Worten in einem Satz. Wenn jemand die Hände hochhebt, bedeutet das nicht, dass die Anordnung der Buchstaben in der Aufforderung „Hände hoch" diese Handlung bestimmt. Die Aufforderung selbst erzwingt nichts, sie bekundet Absichten, klärt die Situation, sagt deren Ausgang voraus und weist auf eine Lösung hin. Sicherlich würde die Änderung eines einzigen Buchstaben wie „Hunde hoch", Hände noch", „Ende och" maßgeblich die Resultate beeinflussen und die ernste Lage zum Scherz herabstufen. Von den Buchstaben oder Sätzen geht jedoch keine Wirkung aus. Determinierend ist die vermittelte Einsicht eines existentiellen Drucks. Die unvoreingenommene Betrachtung der Embryonalentwicklung und des Zusammenspiels der Zellen im mehrzelligen Organismus beweist, dass von den Genen ebenfalls keine zwanghaften Anweisungen ausgehen, dass die Zelle, statt Befehlen zu gehorchen, sich frei nach der Situation entscheidet, welche Gene sie nutzt. Mit der Teilung der befruchteten Eizelle entstehen genetisch identische Körperzellen. Dennoch benimmt und entfaltet sich jede Zelle anders. Warum? Hat die Teilung etwas nachhaltig am Genom der Tochterzellen verändert? Nein. Würde man embryonale Zellen der ersten bis zur 4. Teilung voneinander trennen und im Gebärmutter belassen, entstünde aus jeder dieser Zellen ein Organismus, dem nichts fehlt (eineiige Zwillinge, Drillinge, etc.). Derselbe uneingeschränkte Erhalt der genetischen Information ist selbst für die ausgereiften teilungsunfähigen Zellen erwachsener Organismen belegbar. Verpflanzt man den Kern einer Hautzelle in die entkernte Eizelle, so entsteht daraus ein vollständiger Organismus. Ohne diesen Eingriff hätte die Ursprungs-Hautzelle ihre Stellung behalten und wäre bei Abschilferung verbraucht. Also hat die Hautzelle alle erforderlichen Gene, um beliebige Zelle des Körpers zu werden. Die Anwesenheit eines vollständigen Genoms hilft ihr jedoch in keiner Weise, ein anderes Schicksal einzuschlagen. Warum verhält sich jede einzelne Zelle, trotz Gleichheit der Gene, im Verband unterschiedlich und dennoch bestimmt? Verhindern die in der Zelle angereicherten Produkte bestimmte Genaktivierungen? Auch das ist nicht wahr. Würde man statt einzelner Zellen, Gruppen von Zellen aus dem Verband herauslösen, wechseln diese ihre Entwicklung trotz schon stattgefundener Schritte. Bei einer geringen Zahl entnommener embryonaler Zellen teilen sich diese eine Weile weiter und gehen dann ein. Ist die Zellzahl des abgetrennten embryonalen Gewebes ausreichend, ordnen sich die verbliebenen Zellen neu. Zellen, die initial zur Hautbildung vorgesehen waren, entwickeln sich zu Nervenzellen, aus Ansätzen für Augen bilden sich Extremitäten. Entweder schafft es die verbleibende embryonale Zellmasse, sich zu einem kompletten Organismus umzuformen, oder sie geht ein. Das isolierte Bein wächst nicht als Bein, der Kopf nicht als Kopf, sondern stets als Bein oder Kopf des intakten Körpers, als würde jede Zelle in ihrem Streben jeweils das Ganze sehen und sich danach richten. Haben die Zellen diesen Einblick, Überblick, Einsicht in das Ganze? Nein. Woher dann das Einvernehmen? Wie kommt es, dass sich Zellen mit den gleichen Genen im Verbund des Körpers entgegengesetzt und dennoch ergänzend verhalten? Woraus entsteht die Ungleichheit der Weisungen gleicher Genome, wie wird diese Ungleichheit der Genaktivierungen geregelt? Die Antwort bedarf keiner molekular-genetischen Kenntnisse. Jeder Nutzer von Bibliotheken kommt leicht dahinter. Begleiten wir ihn dabei.

Gene und Bücher

Bücher sind, rein äußerlich gesehen, lange Reihen von Buchstaben. Menschen besuchen Bibliotheken nicht wegen der Buchstabenketten, sondern wegen den darin kodierten Erfahrungen. Beim allerersten Besuch fühlt man sich verloren und ist vom Umfang der Schriften erschlagen. Wie soll man all das anpacken! Schon bald findet man jedoch heraus, dass es weder möglich noch notwendig ist, alles zu lesen und aufzunehmen. Das Wesentliche genügt. Jeder beschränkt sich daher auf das, was ihn gerade beschäftigt. Die Mitarbeiter der Bibliothek helfen im Umgang mit den Medien. Was sie auch empfehlen, die Richtung bestimmt der Leser. Er bewertet und stellt den Lesestoff nach Bedarf zusammen, folgt dabei seiner sozialen Stellung, seinem Beruf, Erfahrungen und aktuellen Anliegen. Auf der Suche nach angemessenen Lösungen wandert er zwischen den Sälen, fragt nach, stöbert in den Indices, nimmt mal dieses, mal jenes Werk zur Hand, blättert darin, macht Notizen, um später wichtige Inhalte schneller wiederzufinden, korrespondiert mit Autoren, Verlagen und Buchläden, legt eine eigene Buchsammlung an. Die Anordnung der Zeichen, Wörter und Kapitel in den Schriften, die Unterbringung der Bücher in den Regalen regeln die Bequemlichkeit im Umgang mit den Inhalten – ein wichtiger Faktor gewiss, aber kein bestimmender Faktor. Bücher erteilen keine Befehle, sie bewahren Antworten auf.

Genome sind Bibliotheken der Zellen. Zellen lesen Gene, wie Menschen Bücher lesen. Auch sie packen nicht alles auf einmal, sondern gehen von einem Abschnitt zu den anderen. Der Umstand, dass beim Durchlauf der Genaktivierungen auf das Ereignis A ein Ereignis B folgt, bedeutet nicht, dass A das B bestimmt und die Reihenfolge unabänderlich ist. Die Reihenfolge des Angehens fasst die bisherige Zweckmäßigkeit bei der Verarbeitung des Lesestoffs zusammen. Das genetische Wissen ist ebenfalls in Kapitel, Absätze und Sätze unterteilt. Sie folgen aufeinander, sind thematisch miteinander verknüpft und eröffnen erst hierdurch ihre Bedeutung. Ungeachtet der strengen Anordnung der Gene im Genom, werden von Lebewesen verschiedene Inhalte in wechselnder Reihenfolge gebraucht. Gene beleuchten Erfahrungen, die sich in der Evolution unter bestimmten Umständen als vorteilhaft erwiesen. Zellen halten Ausschau nach dem, was für die jeweilige Situation aus einstigen Erfahrungen am besten passt. Je nach der Umgebung, in der sich die Zelle befindet wählt sie diese oder jene Lösung. Zwar ist die Wahl des Für-und-Wider der Zelle selbst überlassen, der Entscheidungsspielraum ist mitunter sehr eng und lässt keine Ausschweifungen zu. Weder Sphinx noch Pegasus können dabei entstehen. Dies liegt nicht an dem Mangel von Buchstaben, Worten und Sätzen, aus denen man entsprechende Anweisungen zusammenstellen könnte, sondern daran, dass solche Kombinationen bisher nicht gebraucht wurden. Die Evolution fand für Chimären keinen Platz, also wurden auch keine Bücher hierzu geschrieben.

Wollen wir Gene verstehen, müssen wir uns ihrem entwicklungsgenetischen Sinn zuwenden. Der letzte ist nicht an die Buchstaben, sondern an die Funktionalität gebunden. Die gleichen Buchstaben, Worte, Sätze können unterschiedliches bedeuten. Die gleichen Ereignisse können auf verschiedenen Wegen und durch Aktivierung verschiedener Gene ausgelöst werden. Die Anordnung von Buchstaben im Text oder Nukleotiden im Genom steht dabei an letzter Stelle. Worte, wie Gene, sind nur Konspekte von einst durchgegangenen Möglichkeiten.

Halt, würde der Darwinist sagen! Wie kann man Genome mit Büchern vergleichen? Der Organismus kann seine Gene lesen, kopieren und zusammenzustellen, aber nicht wesentlich ändern. Er geht zwar wählerisch mit dem was er liest um, ist aber an das Vorhandene angewiesen und muss blind auf das vertrauen, was in den Genen steht. Beispiele dafür, dass Zellen in einem beschränkten Umfang ihre Gene umschreiben, sind unbedeutsam, da die Keimzellen nicht einbezogen sind und die Veränderungen nicht weitervererbt werden. Bücher werden dagegen von den Autoren frei geschrieben und geben neuartige Inhalte weiter. Diese Argumente sind kurzsichtig und irreführend. Sie vergleichen das Falsche mit dem Unzutreffenden. Das Buchwesen vereint Vervielfältigung und Schöpfung. Die (genetische) Vermehrung beinhaltet Wachstum und Zeugung. Zwar unterscheidet sich die Tätigkeit des Schriftstellers grundlegend von der Vervielfältigung der Gene, jedoch genau auf die gleiche Weise, wie die sexuelle Zeugung sich von dem Vorgang des Buchdrucks unterscheidet. Gene sind Bücher! Auf jeden Fall werden sie auf ähnliche Weise gelesen, kopiert, geschrieben und weitergegeben! Hier wie dort, Original und Kopie, wenn auch in jeder Einzelheit identisch, sind nicht ein und dasselbe.

Im Mittelalter wurden Bücher Zeichen für Zeichen abgeschrieben, mitunter von Menschen, die nicht einmal lesen konnten. Ein Fehler setzte sich dann in allen Folgebüchern durch. Selbst wenn dabei aus dem Wort Zelebrieren versehentlich Zölibat wurde - neue Werke entstanden dadurch wohl kaum. Der Buchdruck behielt das Wesen des Kopiervorgangs bei. Texte wurden vervielfältigt, aber nicht neu zusammengestellt. Eine Änderung der Zeichenfolge war dabei weder erwünscht noch vorgesehen. Das Verstehen des Lesestoffs war zur Vervielfältigung entbehrlich. Gelesen wurden allein Korrekturen.

Ein Schriftsteller geht ganz anders vor als der Buchdrucker. Beginnen wir zunächst mit einer nicht anfechtbaren Feststellung, dass der Buchautor seine Texte nicht frei erfindet, sondern aus dem gemeinsamen Sprachschatz zusammenstellt. Sonst würde diese Bücher niemand verstehen. Der Sprachschatz, aus dem der Schriftsteller schöpft, erfasst die geistigen Leistungen der Vorfahren und Zeitgenossen. Der einzelne Mensch bringt diesen Reichtum nicht hervor, sondern eignet ihn sich an. Bei der Aneignung durchlebt er die kodierten Inhalte der Vorgänger, prüft diese, wählt die einen, verwirft die anderen, geht dabei oft eigene von seinen Vorgängern nicht erkundete Wege. Während des Durchlebens kann der Mensch die Inhalte nur nutzen, nicht aber abändern und gleicht dabei den Körperzellen beim Lesen von Genen im Genom. Irgendwann auf der Höhe seiner Laufbahn wird der Mensch sein eigenes Buch schreiben wollen. Wenn auch dieses Buch aus seiner Feder oder Computer stammt und Erfahrungen seines Lebens zusammenfasst, das Ergebnis ist eine gemeinsame Leistung der Menschheit. Durch die Lupe der eigenen Sicht sortiert der Autor die Erkenntnisse der Menschheit und bringt hierdurch neuartige Inhalte hervor. Diese fügt er dem gemeinsamen Wissensschatz der Menschheit zu. Durchleben wird der Schriftsteller sein Buch nicht, denn es ist nicht ihm selbst, sondern künftigen Generationen gewidmet. Diese setzen dann dort an, wo er aufhört.

Kehren wir zur Genetik der Eukaryoten-Zelle zurück. Auch hier sind Neuschöpfung und Vervielfältigung streng getrennt. Die eigenen Gene der Zelle sind unantastbar. Auf der Höhe der Laufbahn, nachdem mehrere Aufgaben und Herausforderungen bewältigt sind, geht das Individuum einer biologischen Art dazu über, die durchlebten genetischen Erfahrungen zu einem neuen Leben zusammenzusetzen. Wie der Prinz in „Aschenputtel" sucht es hierzu einen Partner, der seinen Vorlieben entspricht und mit Gegenseitigkeit antwortet. Die Gene beider Partner werden zwecks Zeugung zusammengelegt, gemischt und neu geordnet. Was bei der Zeugung entsteht, dient nicht den Eltern und ist keine Kopie, sondern eine Schöpfung. Diese wird dem Erfahrungspool einer Art zugefügt, bereichert und erweitert diesen.

Kreuzungen, ähnlich der Schriftsteller Arbeit, erschließen neuartige Möglichkeiten durch die Auswahl und neuartige Kombination von Eigenschaften, die in dem Gen/Sprachpool einer Art vorhanden sind. Klonales Wachstum, wie der Buchdruck, mehrt und vereinnahmt dann das Entstandene. Das Leben nutzt jede Gelegenheit fürs Vorankommen und bedient sich beider. Zeugung und Vermehrung gehen Hand in Hand.

Die Möglichkeiten der schöpferisch-kombinatorischen Selektion sind wahrlich enorm. Durch Kreuzungen entstehen vor unseren Augen Jahr für Jahr Tierrassen und Pflanzensorten mit erstaunlichen Eigenschaften. Da viele der dabei auftretenden Merkmale in der Evolution dieser Arten gar nicht vorkamen, dürfte es für diese Merkmale keine vorgefertigten Gene geben. Wo kommen diese Gene her, wie kommen deren einmaligen Sequenzen zustande?

So wie für neue Bücher keine neuen Worte erforderlich sind, sind auch für neue Merkmale keine einmaligen Gene notwendig. Es genügt, wenn man vorhandene Zeichen anderweitig nutzt und hierdurch mit neuen Inhalten belegt. Beispiele hierzu sind allgegenwärtig. Jedes Genom und jede Sprache enthalten reichlich Worte nach einer solchen Transformation: Schrift kommt vom Schreiben, doch niemand schreibt mehr, sondern man tippt. Vor hundert Jahren war es noch ganz anders. Die ersten Schreibmaschinen wurden erst im 19. Jahrhundert eingeführt. Buchstaben nehmen ihren Ursprung von Stäbchen, mit denen man die Keilschrift in den weichen Ton presste. Viele haben von solch einer Technik noch nicht einmal gehört, keiner nutzt diese mehr. Buch kommt vom Binden, wofür man heute Monitore benutzt. Beim Zusammenstellen der Manuskripte stellt man nichts hin, auf, oder zusammen - wie es früher bei Druckfahnen üblich war. Wenn man ein Manual zur Hand nimmt denkt man nicht ans „Handgemachte" und natürlich meint man mit „Ausdruck" etwas anderes als Druck ausüben. In Wort, Bild oder Genen festgehaltene Bezeichnungen laufen stets der Realität ihrer ursprünglichen Nutzung davon. Dennoch deuten wir diese ohne Fehler, weil es nicht um Bezeichnungen, sondern um die Inhalte in einem ganz bestimmten Zusammenhang geht. Ist der Zusammenhang eindeutig, so lassen sich die Inhalte selbst durch willkürliche Zeichenkombinationen festhalten. Der Bezug auf die Handlung bleibt mitunter der einzige Hinweis darauf, wie man einst zu dem Begriff kam – mehr nicht. Im Vorgang der Umwandlung bleiben dann oft irgendwelche Pfeile, Smileys, Kringel übrig und werden dennoch verstanden.

Der Großteil des Genschatzes, wie der des Sprachschatzes, besteht aus Zeichenkombinationen, die einst zu einem bestimmten Zwecke eingeführt, geformt und bedient, jedoch nicht mehr auf die gleiche Weise gebraucht werden. Oft werden diese gar nicht benutzt und lediglich warten auf die Gelegenheit ihrer ursprünglichen Anwendung. Dem Uneingeweihten fällt es schwer sich darin zu finden. Die Zusammenhänge ergeben sich nicht aus Namen, Anwesenheit oder Reihenfolge, sondern müssen einfach als gegeben genommen werden. Die Zelle findet daran keinen Anstoß. Im Gegenteil die Vielfalt des Unausgesprochen erlaubt es ihr, längst Vergessenes und Unbeachtetes in sexuellen Schöpfungen zu neuen unerwarteten Eigenschaften zu kombinieren, ohne das Vorhandene zu schmälern. Menschen haben das Schöpferische der Selektion nicht erfunden, sondern höchstens für sich vereinnahmt. Kombinatorische Selektion ist das gestalterische Grundprinzip aller Gemeinschaften. Lange vor dem Menschen haben Insekten blühende Pflanzen gekreuzt und wurden ihrerseits von Pflanzen geformt. Alles Leben ist durch Verknüpfung ihrer Erfahrungen miteinander verflochten. Das Wesentliche an der kombinatorischen Selektion ist eine gegenseitige Förderung, die aus dem Gegebenen das bessere Künftige formt. Auch Sozial-Darwinismus und Faschismus sind nicht neu. Zwar beriefen sich diese auf die Selektion, verstanden jedoch darunter einen Kampf ums Überleben, nicht ein Ringen mit den Umständen, sondern Kampf von jedem gegen jeden mit Ausrottung von allem, was nicht der Selbstherrlichkeit einzelner entsprach. Das Schöpferische der Selektion wurde ausgeblendet, der Vorgang der Evolution auf das Kopieren und anhäufen reduziert. Der Darwinismus ist eine banale Apologie des klonalen Wachstums, der Vervielfältigung statt der Schöpfung. Gut ist dabei nicht das Bessere, sondern allein das, was dem Betrachter nutzt. Die Logik dahinter ist einfach. Wozu das Fremde betrachten, lernen, bewerten, schätzen, wenn es letztendlich doch nur um das Eigene geht? Das klonale Wachstum kennt keine Rücksicht, setzt Verdrängung voraus und ist bei Durchsetzung unübertroffen, da absolut konsequent. Damit erschöpft sich auch der Vorteil. Einige der hohen Arten, vor allem unter den Pflanzen, haben ihre Fähigkeit zur sexuellen Zeugung verloren, und vermehren sich nur noch klonal durch Setzlinge, Ableger, Sprossen. Obwohl wir nicht genau sagen können, wann es jeweils hierzu kam, keine dieser Arten entstand gesondert in der Evolution. Sie alle zweigten sich von sexuellen Arten ab, bis sie ihre Fähigkeit zur Kreuzung verloren und alleine die Vermehrung behielten. Das Ereignis kann nicht alt sein, denn die asexuellen Arten weisen weiterhin viele sexuelle Merkmale auf, die ihren Besitzern zwar nicht mehr nutzen, jedoch noch nicht abgeworfen wurden. Die Zeit reichte hierfür nicht aus. Anscheinend treten solche Ereignisse öfter in der Evolution auf und verlaufen im Nichts. Der Verzicht auf Gegenseitigkeit und Fremdbefruchtung, die Begrenzung auf das Kopieren des Bisherigen mit einer Auslese besonders effektiver Eigenschaften verbraucht jeden Vorsprung. Zwar werden durch Aussonderung aus den Bestehenden einige sonst untergeordnete Merkmale freigelegt, hervorgehoben und hypertrophiert, neuartige Gene und Kombinationen kommen nicht hinzu. Der Erfolg einer solchen Zuspitzung bleibt ephemer trotz einer zeitweise enormen Ausbreitung der Zöglinge. Die Landwirtschaft zeugt davon. Viele der erfolgreichen klonalen Linien der Kartoffeln, der Weinsorten etc. verschwanden in den letzten 500 Jahren der menschlichen Geschichte auf dramatische Weise, quasi vor unseren Augen, nachdem sie für sich ganze Landstriche und Kontinente eroberten. Ihr Aussterben war trotz aller Mühen unaufhaltbar. Mit ihrem Untergang kam es zum wirtschaftlichen, sozialen und politischen Ruin von Gesellschaften, die darauf bauten und einseitig davon abhängig waren. Die hinterlassenen Erinnerungsnarben schmerzen bis heute.

Die Gattung Mensch hat ebenfalls immer wieder versucht, die Gegenseitigkeit zu Gunsten Ausschließlichkeit abzuschütteln. Unverhoffte Reichtum und Machtstellung verschaffen den Akteuren einen Vorteil den sie für eine Gabe halten und behalten wollen. Das Ausrichten der Vermehrung auf die bestehenden Vermögenswerte gebar auf die Dauer nur Beschränktheit. Monarchie, Oligarchie, Rassismus, Darwinismus, Nationalsozialismus wollten unter sich bleiben, niemanden heranlassen, nichts mit anderen teilen und sind gescheitert. Die moderne Biowissenschaft verspricht nun das zu erreichen, was der sozialdarwinistischen Bevormundung und dem faschistischen Exklusivitätsstreben misslang. Der Erfolg, die Erhebung muss nicht neu erfunden, erlitten, erarbeitet, sondern einfach dem Bestehenden zugefügt werden, entsprechend dem Preis, den man hierfür aufbringt. Die Reichen werden dabei reicher, die Schönen schöner und die Mächtigen mächtiger. Auch diese Anmaßung wird scheitern. Keine Fortschritte der Wissenschaft werden daran etwas ändern, gleich was die Molekulargenetik auch verspricht.

Das Lesen und Vergleichen kompletter Genome ist heute keine Hürde, die Synthese von Sequenzen in der erwünschten Reihenfolge ebenfalls. Man kann inzwischen beliebige Gene in das Genom der Zelle einschleusen. Allerdings verhalten sich solche Zellen meist wie Krebszellen, da ihre Funktion und ihr Lebenszyklus ohne Rücksicht auf die Nachbarzellen erfolgt. Sie können nicht anders. Der mehrzellige Organismus ist ein Verband von Zellen mit gleichem Genom. Nervenzellen gehen jedoch an die gleichen Gene anders als Augen-, Blut- oder Darmzellen heran. Die Fähigkeit zur differenzierten Interpretation wird durch eine langdauernde penible Abstimmung aller Einzelheiten bei der Koevolution erreicht. Ändert sich die Rolle einzelner Teilnehmer, so muss sich die Lesart durch alle anderen Verbandsteilnehmer ebenfalls ändern. Fehlt diese Abstimmung der Lesart, so ergeben einzelne Gene und ihre Aktivierung auf der Organismus-Ebene keinen Sinn. Nicht die Sequenz, sondern ihre angemessene Anwendbarkeit von allen Verbandsteilnehmern ist entscheidend. Hierfür bedarf es einer Prüfung in eben diesem Verband, eines Schulterschlusses mit benachbarten Zellen auf jeder einzelnen Entwicklungsstufe und unter den jeweiligen Entwicklungsumständen des Organismus. Es bedarf einer inneren Bereitschaft gegenseitig unterstützend synchron zu agieren, dabei Erfahrungen zu sammeln und diese in den Genen künftiger Generationen umzusetzen. Gab es solches Agieren in der Evolution nicht, so kann es hierfür auch keine brauchbaren Sequenzen geben. Die Sorge, man würde zu spät zum Ausverkauf von Genen kommen, die den Verstand und Schönheit kodieren, ist unbegründet. Diese Gaben sind nicht käuflich. Der einzige Weg zur Vervollkommnung ist die Ertüchtigung bei der Selbstverwirklichung. Nur diese gewährleistet die erforderliche Prüfung der Gene durch alle Zellen des Körpers auf Tauglichkeit und Sinn.

Teil IV

DIE EVOLUTION

Ego und Eros

> *ein Teil von jener Kraft, die stets das Böse will und stets das Gute schafft*

Jede Auseinandersetzung trägt sowohl den Keim der Vervollkommnung wie den des Versagens in sich. Das Leben wäre niemals über primitive chemische Vorgänge hinausgekommen, würde dieses immer wieder abbrechen und von dem Anfang an starten müssen. Die Evolution ist daher als Erfolgsgeschichte eines einzigen Lebewesens undenkbar. Die Teilung des Ganzen in eigenständige, um ihr eigenes Wohl besorgte Einheiten verteilt die Aufgabe der Lebensentfaltung auf Milliarden von Lebewesen und erschafft ein Sicherheitsnetz, in dem das Versagen einzelner schmerzlich aber unkritisch ist. Egoismus ist die Verantwortung vor der eigenen Evolutionsgeschichte, Beschränkung auf die Erfahrung, die die eigene Entstehung maßgeblich wegbereitet hat. Worauf diese Erfahrung nicht zugreift, Gene der Mutter und Geschwisterzellen eingeschlossen, bleibt außen vor. Im Wettstreit um Ressourcen prallen die selbstbezogenen Interessen unausweichlich aufeinander, gleich wie eng sie miteinander verwandt sind. Daraus resultierender Antagonismus treibt gleichartige Lebewesen auseinander auf einen Abstand, bei dem sich ihre Ansprüche nicht mehr kreuzen. Das Auseinanderstreben bewirkt einen fortwährenden, sich mit jeder erfolgten Teilung exponentiell beschleunigenden Vorgang des Welt-Erkundens.

Divergenz: Sind ursprüngliche Lebensräume ausgefüllt, werden Lebewesen in lebensfeindliche Grenzgebiete gedrängt. Wenn auch die ersten Einwanderungswellen zerbrechen, die Existenztrümmer und Vorarbeit gescheiterter Kolonialisierungen geben Neuankömmlingen Gelegenheit, sich auf die neuartigen Bedingungen umzustellen. Der

Nachschub der Ausgestoßenen aus dem Zentrum des Vermehrungsgebietes hilft Anpassungsprobleme zu überwinden. Von dem Brückenkopf aus erfolgt dann eine Eroberung neuer Lebensräume. Je weiter die Kolonisten in das neue Terrain vordringen, je länger sie dort verbleiben, umso mehr verlieren ihre Nachkommen Merkmale der Ahnen, welche ihnen nicht mehr nutzen, und umso mehr eignen sie sich neuartige Fähigkeiten an, die essentiell zum Überleben in neuen Lebensräumen sind. Dieses Aneignen geschieht unter einem starken existenziellen Druck. Die neuen Eingeschalteten werden daher nicht einfach zu den bestehenden zugefügt, sondern das Unbenutzte wird gegen das Neue ausgetauscht. Obwohl diese Umstellung nicht unbedingt bereichert, sondern die Arten einseitig an die neuen Lebensbedingungen anpasst, gewinnt das Leben als Ganzes an Vielfalt. Statt alle nützlichen Eigenschaften in einem einzigen Lebewesen zu vereinen, verteilt die Evolution diese auf unterschiedliche Spezies und strebt dabei jeweils maximale Wirksamkeit an.

Verflechtung: Im Neid und Widerstreit kreuzen und bekämpfen gleichartige Interessen einander. Treffen aber zwei Lebewesen mit unterschiedlichen Fähigkeiten aufeinander, so kommt es mitunter vor, dass ihre Lebenstätigkeit, statt einander zu stören, sich gegenseitig ergänzt und fördert. Das Verhältnis einzelner Lebewesen wird von nun an neben dem Ausschluss des Gleichen (Ego), durch das Anziehen und Einbeziehen des Neuartigen (Eros) vervollständigt. Die Gegensätzlichkeit von Eros und Ego ist scheinbar, beide dienen dem gleichen Zweck. Der Egoismus stößt das sich gegenseitig Störende ab. Zuneigung zieht das sich Ergänzende an.

Gemeinschaft und Eigensinn

> Die Einheit - lässt sich nur mit Blut und Eisen schmieden -
> belehrt der einstige Prophet.
> Nun - wir versuchen es mit Liebe -
> und sehen dann was besser hält.   nach Tjuttschew

Gier, Arglist und „der Wille zur Macht" lenken Menschen. Wer widersetzt, ist verloren. Wer diesen Göttern dient, siegt…. Klar und einleuchtend! Nicht wahr? Dennoch seltsam. Wie anders präsentiert sich die Natur. Wenn ich im Frühjahr am Gartenrand in eine Regentonne schaue, sehe ich eine dicke gelbe Schicht auf der Oberfläche schwimmen. Vom Wind hergebrachte Pollen der Gräser und Bäume verwandeln klares Regenwasser zu einem fetten Samenguss. Im Herbst ist der Boden von Äpfeln und Birnen bunt bedeckt. Wo Regen fällt und Sonne scheint, gedeiht, grünt und blüht die Erde. Kein Fleckchen bleibt von dem allumfassenden Anspruch der Liebe ausgespart. Beispiele, wo Niedertracht gestalterisch auftritt fehlen. Vielleicht kenne ich die Natur nicht genug? Man sollte mir nachhelfen. Balzende oder mit Rivalen kämpfende Tiere - geht es diesen um Hass? Sind Wolken von Heuschrecken, die Landschaften verwüsten, ein Ausdruck von Argwohn und Machtanspruch? Wohl kaum.

Ist der Mensch dermaßen anders? Woher stammt der Eindruck, dass hinter allem Menschlichen nicht Wärme und Zuneigung, sondern Einschüchterung, Demütigung, Betrug und Niedertracht stehen? Man schlage die Zeitung auf oder besuche Nachrichtenseiten im Internet. Sie quellen über von Verlogenheit und Gewalt. Die Gemeinheit ist allgegenwärtig und triumphiert. Liebe wird dagegen käuflich, peinlich, nackt dargestellt. Wendet man sich von den Nachrichten ab, ändern sich gleich die Kulisse und das Stück. Der Blick aus dem Fenster beruhigt und tut wohl. Fußgänger eilen zu ihren Terminen, eine Mutter schiebt einen Kinderwagen, ein Mädchen spielt mit dem Hund, ein altes Paar läuft gemächlich, ein Student liest ein Buch auf der Bank, Jugendliche surfen auf dem Smartphone im Internet, die Straßenbahn quietscht, Autos lärmen und brummen, die Kirchenglocken läuten. Das Leben bahnt sich seinen Weg, strebt, schöpft, als ginge es die fremde Bosheit nichts an, als gäbe es keine Horrornachrichten und gewinnt, wie sehr sich die Bosheit auch aufpustet.

Zwei Bilder, zwei Welten, welches von diesen trifft zu? Ist die Ruchlosigkeit wirklich so mächtig? Was hat die Gemeinheit vollbracht? Wo sind seine Straßen, Bauwerke, Gärten? Die Skrupellosigkeit sei allgegenwärtig? Was ist das für eine Präsenz, die sich im Nichts auflöst? Alles was heute ganz oben und übermächtig erscheint, ist morgen verflogen und längst von gestern. Die Bosheit soll alles durchdringen, sich in alles einmischen, nichts dulden was ihren Absichten entgegenläuft. Wieso übersieht sie die entscheidenden geschichtlichen Wendungen und steht der Zukunft hilflos gegenüber? Die Diskrepanz zwischen dem Auftreten und dem Ergebnis ist enorm. Was bezweckt die Selbstpreisung des Bösen außer dem Kaschieren der eigenen Belanglosigkeit? Einschüchterung? Wessen? Verleitung? Wozu?

Aufdringlichkeit und Unrast gelten dem knappen Zeitfenster des Verfalls. Dies ist in der wilden Natur besonders deutlich. Geier schweben in der Luft. Die schwarzen Punkte ihrer Körper sind gleichmäßig über dem Himmel verteilt. Aus der Höhe spähen sie gewaltige Flächen und einander aus. Das Verschwinden eines Vogels aus dem Himmelssegment ist ein Signal mit der Wirkung einer Kettenreaktion. Immer mehr Geier sehen nach, was da los ist, und bleiben, wenn etwas zu finden ist, fern. Je grösser das „Loch" am Himmel, desto höher die Anziehungskraft zu dessen Zentrum. Den Geiern folgen die Hyänen zum Aas. Antilopen, Kraniche und Tauben müssen sich dagegen fernhalten. Die Größe der „entgeierten" Himmelsfläche zeigt den Umfang der Beute, dient zur Orientierung auf das Aas oder aus der Gefahrenzone heraus. „Nur schlechte Nachrichten sind gute Nachrichten" aus eben diesem Grund. Sie dringen zu einem breiteren Kreis durch und erreichen bei einem miserablen Eigenwert eine größere Verkaufsmasse.

Drohgebärden haben einen weiteren Zweck: Fernhalten der Konkurrenz. An Orten des Untergangs herrscht Gewühl. Löwen, Hyänenrudel, Geier, Aaskäfer, Schmeißfliegen, Fäulnispilze und Bakterien versuchen einander zuvorzukommen. Alle wetteifern miteinander um die Verwertung, damit nichts Organisches verloren geht. Was sich in den Vordergrund drängt, mag sich groß vorkommen, wie ein Hyänenrudel, das den Löwen fortjagt oder das Warzenschwein, das die Artgenossen vom Baum fernhält und sich an den am Boden gärenden Früchten berauscht. Ihr Sieg ist der Abglanz einer fremden Leistung. Verwesungsgerüche sind stechend. Blumen der Zuneigung sind duftend und farbenfroh. Dem Positiven ist jede Aufdringlichkeit fremd. Die Liebe strebt und lebt von den Freuden. Sie zwingt sich nicht auf, will entdeckt werden. Ein Apfelbaum steht in Blüte. Was kümmert ihn, wie viele seiner Blumen zu Früchten und neuen Bäumen werden. Und was hat der Baum jetzt und später davon? Nichts und zugleich sehr viel. Seine Blütenpracht ist ein Fest, das überschwänglich den Zutritt zum ewigen Leben feiert, das der Stamm nunmehr auf seinen Zweigen spürt.

Wie viele menschliche Taten treffen das Ziel? Wie viele Werke verbleiben? Wenige. Welche Leistungen bringen ihren Schöpfern augenblickliche Dividende? Keine. Das Werk ist der Preis. Was wird aus dem Rest des Überschwangs? Futter für Räuber und Parasiten aller Art (von sehr großen bis zu mikroskopischen), Dünger für die künftige Saat.

Wozu der Überschuss, wenn er Schmarotzer fördert?

Überschuss ist die Opfergabe an die Vorsehung. Was heute sinnlos ist, kann sich morgen wenden, Türe tun sich auf, wo vorher undurchdringliche Mauern standen. Hätten unsere Vorfahren mit diesem „aussichtslosen" Drang keinen Erfolg gehabt, würden wir das gleiche Streben nicht in unserem Gefühlsleben finden.

Wo sind die Beweise, dass die einzelnen Mühen nicht umsonst sind? Die eigene Existenz ist der Beweis! Und so fühlen wir uns angezogen von allem, was uns erschaffen und über Milliarden Jahre zum heutigen Tag geleitet hat. Und so lieben und streben wir auch bei schlechten Vorzeichen und das Leben geht weiter. Parasiten räumen den Überschuss der Liebe fort, säubern Entfaltungsräume für die Verbleibenden. Schöpfung oder Schmarotzertum – beide erfüllen ihren Zweck. Die Rollen wechseln oft, sowohl im Tierreich, als auch beim Menschen, man lebt von dem einem und strebt das andere an und umgekehrt. Oft ist es unmöglich, das eine von dem anderen zu trennen.

Wenn der Parasit nur den lebensunfähigen Überschuss wegräumen kann, heißt es, dass die Liebe selbst an dessen Entstehung schuld ist? In gewisser Weise ja, denn ohne Weitsicht ist selbst die Liebe hässlich. Die Zuversicht, mit der die Liebe handelt, ist wichtig, doch nicht die Selbstvergessenheit macht die Liebe stark!

Von welcher Stärke ist die Rede?

Spricht nicht alles dafür, dass Gegenseitigkeit reine Vergeudung ist? Ein Individualist muss nichts mit niemandem teilen. Er weiß genau was er will, überschaut und nutzt die Lage gemäß seinen Ansprüchen. Die Zuneigung gilt dagegen anderen, tritt freiwillig und nicht verpflichtend einen Teil von sich ab. Sie kann über die Empfänger nicht bestimmen, ihre Beweggründe nicht kennen und muss auf die anderen vertrauen.

Ja. Gemeinsamkeit nimmt Mühen, Bindungen, Beschränkungen auf sich. Sie lebt mit den Risiken der Enttäuschung, Schmähung und des Verrats. Gewiss, der Egoist tut was er will, ist frei von Rücksicht. Dennoch entstehen die Kooperationsgemeinschaften schon am Anfang

der Evolution. Am beeindruckendsten sind die Stromatolithen. Stromatolithen sind Kolonien nicht verwandter kooperierender Mikroben und die ältesten uns bekannten Lebewesen. Vor zwei Milliarden Jahren erreichten Stromatolithen eine Größe von 10 Metern und hinterließen auf allen Kontinenten versteinerte Zeugnisse. Die markanten Erscheinungszüge der Stromatolithen lassen sie bis zu den Anfängen der Evolution zurückzuverfolgen. Eingegangen sind Stromatolithen durch die Auseinandersetzung mit Organismen mit einem viel höheren Grad an Kooperation, der inkorporierten Gemeinschaft.
Was macht die Gegenseitigkeit unschlagbar, dass sie gleich zum Beginn der Evolution auftritt?

Die Erweiterung

Auf dem Gehege-Schild stand: Ein Wildschwein frisst am Tag: 20 Kilo Süßkartoffeln, 20 Kilo Mohrrüben, 20 Kilo Rüben, 10 Kilo Eicheln, 10 Kilo Walnüsse...... Ein Besucher fragte den Zoowärter verwundert. Ist das wahr? Stimmt die Menge? Ja, ...schon! Doch wo soll das Schwein all das hernehmen?
Ego ist die exklusive Selbstbezogenheit der eigenen Sicht und Interessen. Wenn weit und breit niemand zu finden ist, ist diese von Vorteil. In ausgefüllten Lebensräumen verschärft jede egozentrische Anstrengung die Konkurrenz um die knappen Ressourcen. Druck erzeugt Gegendruck, legt Fesseln an, bringt Erstickungsgefahr. Dagegen bieten die Mehraufwendungen der Kooperation mitunter Flügel, sprengen Mauern und überwinden Grenzen. Der Umstand der Abhängigkeit - was besagt er schon? Ein Autohersteller kann keine Wagen bauen ohne Zuarbeit von Öl-, Gummi- und Eisenproduzenten, ohne Straßen und Infrastruktur. Ist eine Korporation deswegen abhängiger, als ein Bastler, der alles selbst erzeugt? Gewissermaßen. Aber gerade in dieser Abhängigkeit und in der Freiheit der Partnerwahl liegt ihre Stärke. Die gegenseitige Zuwendung erlaubt Dinge zu vollbringen, wozu einzelne unfähig wären. Wer keine Freunde, Mitstreiter und Liebe gefunden hat, hat sich selbst nicht gefunden.

DIE SEXUALITÄT

Anfänge der Vereinsbildung

Zwei Mikroorganismen kommen zusammen. Einer verwendet Licht, bindet Kohlendioxid zu Kohlenhydraten, setzt Sauerstoff frei und verbraucht Nitrite. Der andere nutzt Sauerstoff, produziert Kohlendioxid und Nitrite. Die räumliche Nähe gewährt ihnen Substrate, an denen sie jeweils hängen und so wachsen diese von nun an zusammen. Eine intensive CO2-Bindung führt zum Ausfall von kristallinem Kalzium. In der Umgebung von Einzelwesen sinken unlösliche Kalziumsalze zu Boden. Bei größeren Gemeinschaften verbleiben diese im Konglomerat und versteinern deren Mitte. Das Wachstum setzt sich an der Außenseite um die Steinmassen herum fort und bildet Stromatolithenriffe, bei denen lediglich die dünne Oberfläche lebt und einen wenige Millimeter dicken Biofilm bildet. Obwohl jedes Gemeinschaftsmitglied für sich strebt, bleibt die Gruppe zusammen. Der Konkurrenzvorteil der Gemeinschaft gegenüber dem Individuum ist einfach zu ungleich.
Im Verband konzentrieren sich die Mitglieder auf Gewinne und sehen von weniger erträglichen Aufgaben ab. Anlagen, die zum eigenständigen Leben notwendig sind, werden im Verein kaum benutzt und verkümmern. Mit ihrem Verlust werden einst freiwillige Bindungen zwingend und das Leben außerhalb der Gemeinschaft unmöglich. Eine unabhängige Vermehrung einzelner Kooperationspartner innerhalb einer solchen Gemeinschaft wird störend. Die Regulierung nimmt zu. Die Gemeinschaft verfestigt sich zunehmend zu einem Superorganismus, dem Eukaryont. Alles Überflüssige wird abgebaut. Von den einstigen selbstständigen Teilnehmern bleiben nur noch einzelne Teile zurück, die dem Superorganismus als Organellen dienen: der Kern, die Mitochondrien, Chloroplasten, Peroxisomen und Membranen.
Die Überlegenheit von so entstandenen Eukaryonten gegenüber Bakterien ist enorm. Nach Milliarden Jahren eines stetigen Aufwärtstrends verschwanden die Mega-Stromatolithen quasi über Nacht so wie einst das römische Imperium. Sie wurden von Eukaryonten weggefressen. Die bakteriellen Gemeinschaften überlebten und bestan-

den weiter. Nur bildeten sie von nun an keine Kolosse mehr und mussten sich mit der mikroskopischen Ebene des Biofilmdaseins abfinden. Eukaryonten übernahmen die Führung in der Evolution und begründeten die sichtbare Vielheit aller heute lebenden Organismen. Bakterien traten in die Mikrowelt zurück und wurden erst 1683 wiederentdeckt.

Man könnte denken, dass die Verschmelzung vieler Mikroorganismen (Prokaryonten) zu einem Superorganismus (Eukaryont) und dessen Siegeszug in der darauffolgenden Evolution die Überlegenheit des Individuellen gegenüber dem Korporativen, des Ein- gegenüber dem Mehrstimmigen beweist. Dem ist nicht so. Denn die wahre Stärke des Eukaryonten ist nicht die Unterordnung aller Bestandteile einem einzigen Willen, sondern vielmehr ein noch viel höherer Grad der Kooperation - der sexuellen Vermehrung.

Einklang und Dissonanz

Erinnern wir uns, warum es zu einem Verein andersgearteter Bakterien kam. Der Grund war der Vorteil der Fremdberufung. Das Zusammenfinden unterschiedlicher Fähigkeiten ergänzt und bereichert die Gemeinschaft. Mit wachsender Komplexität der Verbände und Spezialisierung der Teilnehmer wird die Fremdberufung zunehmend schwerer. Jeder hinzukommende Organismus ist allein auf seine eigenen Interessen bedacht, kann sich leicht umstellen. Der Verein muss dagegen jede einzelne seiner bisherigen Beziehungen neu überprüfen. Sobald einer der Partner: ein Bakterium, Virus, F-Chromosom, Plasmid, seine Interessen von der Gemeinschaft abkoppelt, artet die Kooperation in eine Parasit-Wirt-Beziehung aus. Infektionen sind Vereinsgründungen, von denen nur ein Teilnehmer profitiert. Zum Einschleusen zeigt sich der Erreger aus kurzer Sicht nützlich, wird aufgenommen, dringt zu den Bereichen vor, wo er sich unkontrolliert vermehren kann, hierdurch die Gemeinschaft zerstört und erneut ausschwärmt. Die Gefahr für die Gemeinschaft wird dabei erst dann sichtbar, wenn der Erreger nicht mehr zu stoppen ist. Komplexe Lebewesen beginnen daher, die Integrität aufwendig zu schützen. Wichtige Bereiche werden normiert und einer Veränderung durch eigene oder fremde Zugriffe unzugänglich gemacht. Die Satzungen werden in besonderen Bereichen aufbewahrt, wo Vorlagen kopiert und als Abschrift mitgenommen, nicht aber abgeändert werden dürfen. Für die Lebenstätigkeit werden statt Originale ausschließlich Arbeitskopien genommen. Sollten die letzten im Prozess der Nutzung zu stark abweichen, kann man immer noch auf die ursprüngliche Information zugreifen. Der strenge Schreibschutz der Normierungen bringt Stabilität gegenüber dem zerstörerischen Zugriff des angeblichen Vorteils und zugleich eine Starre gegenüber jeder Neuerung. Die Innovation müsste sich mit der zunehmenden Komplexität und dem Anwachsen von Schutzanforderungen verlangsamen und zum Erliegen kommen. Dass es anders kam, liegt an der Sexualität. Die sexuelle Fortpflanzung brachte das Unvereinbare zusammen, indem sie Schreibschutz und Innovation, Individualität und Fremdberufung säuberlich voneinander trennte und zugleich essentiell aneinanderband.

Sexuelle Fortpflanzung

Die sexuelle Fortpflanzung vereint zwei verschiedene Vorgänge: die klonale Vermehrung einer Stammzelle zu identischen Nachkommen und die Zeugung neuartiger Stammzellen durch Fusion abweichender Klonlinien mit Vermischung ihrer Gene.

Klonale Vermehrung: Eukaryonten bewahren ihre Gene in Chromosomen auf. Jeder Chromosomensatz ist ein Gesetzeskorpus, der die Eventualitäten der Lebenstätigkeit von der Entstehung bis zur Fortpflanzung behandelt. Während des Wachstums wird der Chromosomensatz möglichst genau kopiert. Neben den ursprünglichen reichern sich dabei in der Zelle kopierte Gene an. Damit kein Durcheinander entsteht, bleibt nur ein, meist der mütterliche Chromosomensatz gültig, alle weiteren Genkopien sind stummgestellt. Das Abschalten unvollständiger und konkurrierender Gensätze gewährt die Schlüssigkeit der Anweisungen. Vermehrung schließt das Wachstum ab und verteilt kopierte Chromosomensätze auf einzelne nunmehr eigenständig agierende Tochterzellen. Der Zyklus des Wachstums bis zur Vermehrung beginnt von neuem. Auftretende Veränderungen breiten sich ausschließlich linear in den Nachkommen aus, was auf Dauer zum Auseinanderleben einzelner Vermehrungslinien/Klone führt.

Einfache sexuelle Zeugung: Die sexuelle Zeugung vermehrt nichts. Im Gegenteil, zwei individuelle Stammzellen einer Art, jedoch ungleicher Vermehrungslinien, fusionieren zu einer Doppelzelle oder Zygote. Der Zweck der Zusammenlegung ist eine gegenseitige Erweiterung genetischer Erfahrungen. Theoretisch bringt schon dieses Addieren eine Bereicherung. Tatsächlich macht sie die genetischen Normen unschlüssig. Blieben die Chromosomensätze wie bisher gleichberechtigt, so würden für einzelne Situationen widersprechende Anweisungen vorliegen. Bei fehlendem übergeordnetem Richtmaß führt dies zum Wirrwarr. Um eine Zweideutigkeit zu vermeiden ohne auf Bereicherung zu verzichten, werden beide Chromosomensätze bei der sexuellen Zeugung aneinandergelegt und ihre Gene in ähnlichen Abschnitten ausgetauscht. Die Zahl der Chromosomensätze bleibt dabei gleich, dennoch sind so entstandene Chromosomensätze in ihrer Zusammensetzung einmalig, mit keinem der Elternsatzungen identisch. Ihre Aufteilung auf die eigenständigen Zellen schließt den Vorgang der Kreuzung ab. Sie können sich nunmehr klonal vermehren.

Ein Lebenszyklus niederer sexueller Organismen beinhaltet Vermehrung, Ausbreitung, lineares Auseinanderleben einzelner Stammzelllinien, nachfolgende Paarung entfernter Verwandter, horizontale Vermischung der Gensatzungen und Bildung neuer Stammlinien mit neu gefassten Chromosomensätzen. Sexualität dient nicht der aktuellen Lebensfähigkeit, sondern der Erschaffung einer künftigen. Solange der Vorgang des Austausches läuft, darf keiner der Chromosomensätze benutzt werden.

Synchronisierte sexuelle Zeugung: Das Auseinanderleben bereichert das Leben in ihrer Vielfaltsbreite, erschwert aber auch die Verständigung im Detail. Theoretisch, je größer die Entfernung zwischen den einzelnen Stammlinien einer Art, desto innovativer sind die Befruchtung und reichhaltiger die Erfahrungsbasis bei deren Kreuzung. Je weiter die Stammlinien auseinander gewachsen sind, desto realer die Gefahr, dass die Gene der Gegenseite nach dem Austausch missverstanden oder gar nicht gelesen werden können. Höher entwickelte sexuelle Arten synchronisieren daher die Chromosomensätze vor der Vermischung des genetischen Materials. Nach der Paarung und Fusion der Elternzellen zu einer Doppelzelle oder Zygote werden die Chromosomensätze der Eltern nicht zeitnah vermischt und aufgeteilt, sondern müssen vorerst nebeneinander durch alle Abschnitte des Lebenszyklus parallel mitlaufen und sich klonal vermehren. Dadurch werden beide Chromosomensätze mehrmals quasi aus einer Hand unter verschiedenen Bedingungen und in verschiedenen Umständen synchron gelesen und kopiert, wodurch ihre Lesbarkeit und Kompatibilität geprüft, angepasst und Fehlinterpretation vorgebeugt wird.

Die Stammzelle hochentwickelter sexueller Arten beinhaltet somit zwei elterliche Chromosomensätze und ist (lateinisch) diploid. Damit es zu keinem Zerwürfnis bei der klonalen Vermehrung kommt, wird nur einer der gepaarten Chromosomensätze je Zelle freigeschaltet, der andere Satz bleibt stumm und mischt sich nicht in die Vorgänge der Lebensfähigkeit ein. Die Regel: Eine Zelle, ein gültiger Chromosomensatz wird hierdurch erfüllt. Die Klone diploider Zellen können sich einzeln vermehren oder komplexe mehrzellige Verbände ausbilden. Gleich ob einzellig oder mehrzellig, Kinder hochentwickelter sexueller Arten, wie auch der Menschen, sind somit nicht das Gemisch der elterlichen, sondern eine Zusammenlegung von bestandenen großelterlichen Gensätzen. Das macht Sinn. Das neugezeugte Kind wird Manipulationen an den Genen nicht leichtsinnig ausgesetzt. Die elterliche Hülle des Kindes bildet lediglich Kindergarten und Schule des Lebens, unter deren Obhut die Gene von zwei bis dahin getrennten Linien ihre Kompatibilität beweisen. Erst nach einer längeren Zeit des synchronen Agierens unter unterschiedlichen Umständen, werden die gepaarten Chromosomensätze einer Doppelzelle vermischt, in neuartige Gensätze verpackt, voneinander getrennt und auf die Keimzellen verteilt. Erst jetzt werden sie zur Kombination der eigentlichen elterlichen Gene. Wiederum so vermischte elterliche Gene können erst bei den Enkelkindern zum Einsatz kommen. Denn nach der Vermischung und Aufteilung auf die Keimzellen werden sie nicht mehr teilbar, sind allein für die Zygotenbildung spezialisiert und zu keinen anderen Aufgaben fähig.

Geschlechter: Die Gensätze von Keimzellen höherer sexueller Arten sind schlüssig, enthalten alles was zur Vermehrung erforderlich ist, und teilen sich dennoch nicht. Prinzipiell steht der Vermehrung nichts im Wege, wie man bei der einfachen sexuellen Zeugung oder bei Keimzelltumoren sieht – besonders aggressiven Krebsleiden. Die Vermehrung von homozygoten Keimzellen ist bei höheren sexuellen Organismen streng verriegelt. Die Verriegelung wird erst aufgehoben, wenn sich diese zu einer (diploiden) Doppelzelle der Zygote vereinen. Die Verriegelung der Vermehrung bis zur Vervollständigung garantiert bei den höheren sexuellen Arten, dass die synchronisierte Zeugung als einzige Voraussetzung der Vermehrung besteht. Es bleibt jedoch die Gefahr, dass die Keimzellen gleich nach der Freisetzung untereinander fusionieren und eine Zygote unter „gleichen" bilden, statt fremde Verwandte zu suchen. Ihre örtliche Nähe provoziert gerade hierzu. Gene wären durch solche Vermischung neu geordnet. Fremdberufung und Erfahrungsaustausch blieben jedoch aus.

Die paritätische Trennung der Organismen in männliche und weibliche Geschlechter verhindert eine solche Autogamie. Männliche Organismen bilden ausschließlich männliche, weibliche Organismen ausschließlich weibliche Keimzellen. Die Keimzellen des gleichen Geschlechtes können nicht miteinander fusionieren. Sie bedürfen eines fremden Geschlechts, um eine neue vermehrungsfähige Stammzelle zu bilden. Erst nach einer Vervollständigung andersgeschlechtlicher Keimzellen zu einer Zelle mit gepaarten Chromosomensätzen kommt es zu dem synchronen Wachstum und zur Vermehrung.

Die Trennung in Geschlechter erzwingt eine Fremdberufung, halbiert jedoch die Anzahl der Partner, deren Keimzellen sich untereinander vereinen können. Bei hoher Populationsdichte ist es ohne Belang. Was aber, wenn sich die Partner in einer Einöde gar nicht treffen? Was, wenn der Zufall krasse Disproportionen der Geschlechter herbeiführt oder gar nur Partner eines einzigen Geschlechts übriglässt? Für solche Situationen wurden in der Evolution Regeln der Geschlechterbildung gelockert. Bei Pionierpflanzen, die regelmäßig einzeln in wüste Regionen vordringen, ist die Selbstbestäubung als Alternative zulässig. Arten, bei denen Disproportionen in der Verteilung der Geschlechter öfter vorkommen, ermöglichen es den Organismen ihr Geschlecht zu ändern. Die nachträgliche Änderung des Elterngeschlechts ist nicht prinzipiell, da die Keimzellen eines der Eltern stets dem gleichen Geschlecht angehören und sich untereinander nicht paaren können. Besonders zu Beginn der Evolution, als die Erde dünn besiedelt war, war die Fähigkeit zur Änderung des Geschlechts unverzichtbar und weit verbreitet. Viele Pflanzen, Fische und selbst Reptilienarten können bis heute ihr Geschlecht wechseln. Beim Menschen und generell bei Säugetieren ist diese Fähigkeit komplett abgeschafft und kehrt lediglich als nutzloser Atavismus der Homosexualität wieder.

Die sexuelle Revolution

Das so scheinbar einfache Schema der sexuellen Vermehrung hatte ungeheure Auswirkungen. Was hat es im Einzelnen gebracht?

A posteriori statt a priori

Bei der asexuellen Vermehrung ist jede Änderung der genetischen Information zugleich ein Urteil. Neuerungen sind unverzichtbar aber auch riskant. Sind die Gene überschrieben, gibt es zu den alten Vorlagen kein Zurück. Man muss mit dem Entstandenen auskommen.
Je komplexer das Leben, desto schwerere Folgen kann auch die kleinste Abweichung bedeuten.

Die sexuellen Keimzellen sind hochspezialisiert, ihre Lebensfähigkeit ist alleine auf die Vorbereitung zum Akt des Fusionierens begrenzt. Die restlichen Aufgaben erledigen ihre Eltern für sie. Eltern legen Vorräte an, bauen Lebensräume aus, suchen Partner, verlieben und paaren sich, bauen Nester und kümmern sich um das künftige Wohl ihrer Zöglinge. Fehltritte führen zur Fruchtlosigkeit, Erfolge zur Fruchtbarkeit. So schaltet die sexuelle Fortpflanzung auf mehreren Ebenen Schutz-, Förder- und Prüfmechanismen ein, die auf die Neuerung gerichtet sind, jedoch nicht von Versprechungen leben, sondern auf den tatsächlichen Vorzügen und Erfolgen ihrer Eltern aufbauen. Die Evolution beschleunigt sich hierdurch enorm.

Erfahrungsakkumulation

Die asexuelle Vermehrung passt ihre Anlagen der aktuellen Tätigkeit an, gezielt, durch enzymatische Mutagenese bestimmter Gene, oder ungezielt, durch zufällige Plasmid- und Virusübertragungen. Ein optimales Verhältnis zwischen Innovation und Bestandsicherung wird angestrebt. Die Veränderbarkeit des Genoms asexueller Linien entspricht bisherigen Evolutionserfahrungen. In einigen Bereichen wie Antibiotikaresistenz ist das Genom extrem plastisch, in anderen wie zum Beispiel der Ribosomen-Struktur äußerst starr. Alles, was der Lebenstätigkeit beiträgt, fördert Vermehrung und Verbreitung. Änderungen, die zur Fehlfunktion führen, eliminieren sich auf die gleiche Weise. Die Erfahrungsakkumulation ist darum linear, auseinanderlaufend, jedoch nicht automatisch fortschrittlich. Die Welt ist vielschichtig und wandelbar. Die asexuelle Vermehrung passt sich den Gegebenheiten an, reichert helfende Eigenschaften an und verwirft überflüssige. Die einstigen Fähigkeiten werden im Vorgang der Anpassung umgeschrieben und gehen verloren. Mitunter erweist sich der Vorteil von heute zukünftig als Reinfall. Das Pendel der Umstände ist unberechenbar. Während Umstände leicht zu den Ausgangsbedingungen zurückkehren können, ist dies bei abgeänderten Genen nicht der Fall. Der Zufall der Veränderung lässt sich nicht spiegelbildlich umkehren. Die einstigen Eigenschaften müssen erneut erarbeitet werden und der Erfolg der Rückkehr ist nicht vorausgesetzt. Oft fehlen schlicht Gelegenheit und Zeit. Die vorausgegangene Vermehrungsmasse schafft Abhilfe. Bei einer Vielzahl von Ausbreitungsräumen bleibt ein Teil der ursprünglichen Population selbst nach schwersten Kataklysmen in irgendeiner Ecke erhalten. Vernichtet das Schicksal eine vorpreschende Entwicklungslinie, gewährt es zugleich der zurückgedrängten eine Chance zum Aufstieg. Damit wird zugleich der zwischenzeitliche Fortschritt negiert. Die Kontinuität des Lebens bekommt zwar einen Aufschub, Lehren, die über die lineare Kette individueller Veränderungen ausgehen, bleiben aber aus. Die besseren Egos vermehren sich durch den Ausschluss von weniger erfolgreichen. Oft genügt hierzu eine Kleinigkeit, die Laune des jeweiligen Augenblicks. Scheidende und Kommende können ihre Erfahrungen nicht austauschen. Die Überlebenden beginnen den Wettlauf jedes Mal von neuem.

Keimzellen sexueller Organismen nehmen an der Lebenstätigkeit nicht teil. Veränderungen ihrer Gene können nicht unmittelbar getestet werden und sind zu Lebzeiten nicht vorgesehen. Abweichungen würden nur zu Missbildungen und Kanzerogenese führen. Die Stabilität des individuellen Genoms bekommt höchste Priorität. Die Erfahrungsakkumulation sexueller Arten erfolgt nicht über die Anpassung des bestehenden Genoms, sondern über die Gestaltung künftiger Generationen. Als Prüfstein gilt der gesamte Lebenswandel der Eltern. Damit es zu einer sexuellen Zeugung kommt, müssen von Geburt bis zur Familiengründung und Kindererziehung viele Aufgaben gelöst werden. Darüber wird das Beste aus der gesamten Art ausgelesen. Die sexuelle Fortpflanzung bringt in Kreuzungen auseinanderstrebende Entwicklungen auf den Nenner ihrer Siege. Jeder Organismus ist aus Bestandteilen seiner Eltern, die wiederum aus denen ihrer Eltern zusammengesetzt. Die sexuelle Fortpflanzung ist nicht linear, sondern

Angelegenheit der gesamten Art. Jede Linie kann je nach den Umständen auf sich parallel entfaltende Entwicklungen zurückgreifen. Die auslaufenden Spezialisierungen gehen nicht verloren, die Entwicklungen brechen nicht ab, sie schließen sich den Erfolgreicheren an, werden modifiziert und gehen in diesen auf.

Gestalterische Freiheit

Die asexuelle Vermehrung ist auf den unmittelbaren Erfolg hier und jetzt fixiert. Lebewesen stellen sich unter dem Druck der Umstände um. In Reibereien mit Kataklysmen, die den gewohnten Gang der Dinge kreuzen, entsteht mitunter etwas Brauchbares und wird ausgebaut. Per aspera ad astra - „Durch Mühen zu den Sternen" gelangt man auf diesem Wege dennoch nicht. Umstände die den Anpassungsdruck in nur eine Richtung ausüben, kommen selten vor. Ein komplexeres Organ wie zum Beispiel ein Auge, bei dem mehrere an sich nutzlose Details in einer richtigen Reihenfolge zusammenkommen müssen, bevor es die eigentliche Funktion aufnimmt und Überlebensvorteile bringt, kann so nicht entstehen. Jede Veränderung muss sich lohnen. Eine Eigenschaft, die sich nicht trägt, ist eine zusätzliche Belastung, über die sich der Zufall austobt und im Konkurrenzkampf vernichtet.

Die sexuelle Fortpflanzung bedarf zu Neuerungen weder eines äußeren Drucks noch einer ununterbrochenen Glückssträhne an Zufällen und Mutationen. Das Fernweh nach dem Unbekannten und das Streben zur Vervollkommnung sind in die Wiege gelegt. Die Verbissenheit, mit der die asexuelle Vermehrung am Bestehenden klammert, fehlt. Keine der sexuellen Zeugungen wiederholt das Bisherige. Eine Wiederholung macht auch wenig Sinn. Jede Zeugung ist ein Unikat, ist ein Vorstoß, der sowohl von den Eltern, als auch von allen anderen Angehörigen einer Art abweicht. Kein sexueller Organismus ist den anderen gleich. Jeder muss erst herausfinden, wozu seine Anlagen gut sind und welche Vorteile diese bergen. Viele der dabei entstehenden Variationen können nicht zur unmittelbaren Lebensfähigkeit beitragen und zwingen eine Art mit einem Vorrat an ungenutzten Eigenschaften zu leben. So trägt die Stammzelle entwickelter sexueller Arten zwei komplette Chromosomensätze, von denen nur einer genutzt wird. Die Gene innerhalb dieser Sätze sind nicht durchgehend mit Information beladen, sondern enthalten viele leicht abweichende Kopien sowie Sequenzen ohne Information (Introns). Von den bestehenden Genen wird ein Großteil nicht genutzt und nur für alle Fälle als Material für künftige Schöpfungen aufgehoben. Da dieser Überschuss alle Angehörigen einer Art betrifft, ist er für den Konkurrenzkampf unkritisch, erweist sich aber für die Gestaltung der Zukunft als ausschlaggebend. Die Variationsbreite und der Reichtum an „ungebrauchten Genen" ist eine unversiegliche Quelle, aus der sich die sexuelle Art ihre Schöpfungen zusammenstellt, ohne auf die „Gnade" einer Mutation zu warten. Die Rolle der Umstände ändert sich ebenfalls für eine sexuelle Art. Die schicksalsträchtigen Ereignisse müssen nicht zusammenhängend auf einen Organismus einwirken, um sich zu summieren. Es genügt, wenn sie nebeneinander einzelne Angehörige einer Art treffen. Sind ihre Folgen brauchbar, so bindet die Art diese in Kreuzungen künftig zusammen. Sie tut es nicht aufs Geratewohl, sondern zielgerichtet im Anschluss an multiple Prüfungen. Die Frage, welche der Neuerungen gut wäre, stellt sich daher nicht. Denn alle Angehörigen einer Art können sich untereinander paaren. Es schaffen aber nur wenige alle Prüfungen erfolgreich zu bestehen. Bei der Paarung dürfen die Eigenschaften der Partner in allem gegenseitig sein, bis auf den Erfolg, dessen Grundstein sie legten.

Wunschträume statt Verbissenheit, Verspieltheit statt Mühsal

Der asexuelle Organismus beginnt mit der Vermehrung sobald er hierzu fähig ist. Es entstehen mehrere Kopien. Die Innovation kann sich dabei nur dann ausbreiten, wenn sich das Bessere auf Kosten der Alternativen vermehrt. Der Fortschritt gerät unweigerlich in Streit mit den parallelen Entwicklungen, von denen er gerade abstammte, und die er nun umso erbitterter verdrängt. Unduldsamkeit, Beschränktheit auf das unmittelbar Eigene, so winzig deren Beitrag auch ist, Überheblichkeit, Gedränge, „Kampf ums Überleben" - kurz eine ungeheure Verschwendung sind unausweichliche Folgen.

Die Sexualität verhindert das Gerangel und vermeidet den Überschuss. Wozu die Eile? Das Bessere bei der sexuellen Vermehrung muss und kann sich nicht aufzwingen. Ein Beharren in eigener Ausschließlichkeit widerspricht dem Fortpflanzungserfolg. Voran kommt man erst, wenn die Vorzüge vom Partner gefunden und begehrt werden, auf Gegenseitigkeit treffen und etwas Besseres hervorbringen. Sich zurückziehen, spielen, tüfteln, besseres suchen, ist ausdrücklich gefragt. Niemand aus der Population muss gewaltsam sterben, um dem Fortschritt Platz zu machen. Der Fortbestand des Konkurrenten ist sogar förderlich, hält dieser doch die Belanglosigkeit zurück, die in den endlosen Auseinandersetzungen um die eigene Ausschließlichkeit von der sexuellen d.h. schöpferischen und Zukunft vorgreifenden Fortpflanzung abgehalten wird. Sexualität setzt auf das Über-sich-Hinauswachsen anstelle des Überlebenskampfes. Gekämpft wird dort, wo für die Zukunft nichts zu holen ist. Nur die Innovation, die sich dem Kampf entzieht, keinen Druck bei ihren Unternehmungen verspürt, kann sich einer Zeugung zuwenden. Wahre Liebe spielt nicht nur in Märchen eine Rolle.

Sehnen nach ewigem Leben

Die asexuelle Vermehrung ist ein Wettrennen um den Etappensieg. Wer zuerst ankommt, gewinnt. Veränderungen, die hierfür dienlich sind, werden verfestigt und breiten sich aus. Eine kürzere Lebensdauer und größere Zahlen an Nachkommen sind von Vorteil. Ein Bakterium kann sich alle 20 Minuten, wenn möglich, oder über einen Zeitraum von 1000 Jahren, wenn unmöglich bzw. nicht anders möglich, teilen. Die Lebensdauer ist ein Kompromiss zwischen Ressourcen und Fähigkeiten. Verlängerungen des Vermehrungszyklus sind unerwünscht und finden erst statt, wenn unvermeidbar.

Bei der Sexualität ist es umgekehrt. Die Vermehrung der sexuellen Stammzelle ist bloß eine Vorbedingung. Änderungen der Gensatzungen, die während der Lebensdauer einer Stammzelle auftreten, sind möglich, aber uninteressant. Gene der Kinder werden viel effektvoller über die Zeugung gestaltet. Entscheidend für den Erfolg der Zeugung ist der Aufwand, den man hineinsteckt, die Zeit, die man zum Wachsen, Aufrichten und Einrichten der Freiheitsräume, zur Partnerwahl und zum Ausbau von Partnerbeziehungen hat. Bestandsdauer wird zum wertvollsten Gut. Obwohl das individuelle Leben den Anspruch auf Ewigkeit nicht erfüllen kann, ist die Vermehrung der Stammzelle auf die Dauer ausgerichtet, die erforderlich ist, um alle Aufgaben zu erledigen und weicht davon nur gezwungenermaßen ab. Der Erfolg der Evolution äußert sich in der Verlängerung von Lebensdauer, Körpergröße und Freiheitsräumen sexueller Schöpfungen einer Art.

Die Erschaffung des Mehrzellers

Mit der Sexualität wurde eine Entwicklung zum Mehrzeller unvermeidbar. Die einfachsten Gegebenheiten führten hierzu: Die Zelle vermehrt sich. Ihre Klone breiten sich aus, stoßen gegen ein Hindernis, schichten sich übereinander und überwuchern die Vertikale.

Aus der Sicht der asexuellen Vermehrung macht das gegenseitige Stützen keinen Sinn und findet im Wiederholungsfall keine Fortsetzung. Die zurückgebliebenen Zellen hinterlassen keine Nachkommen. Streber, die über die Leichen gehen, werden wiederum bei erneuertem Auftreten der Umstände niemanden mehr vorfinden, der ihnen freiwillig den Vortritt gewährt. Die Einfaltspinsel wurden in den vorausgegangenen Schritten eliminiert, ihre Gene auch. Jede neue Überwindung der Hindernisse verfestigt den Trend und macht das Ereignis unwahrscheinlicher. Die Bildung eines Vereins aus nicht verwandten Lebewesen, von denen die einen auf das Stützen und Zurückbleiben, die anderen aufs Klettern spezialisiert sind, ist aus dem gleichen Grund unmöglich. Unter sich eigenständig vermehrenden Teilnehmern haben nur solche Kooperationen Bestand, die allen Teilnehmern höhere Vermehrungsraten bescheren. Die polymikrobiellen Gemeinschaften brachten es daher nie weiter als bis zu Biofilmen.

Bei der sexuellen Fortpflanzung erhöht das „altruistische" Zurückbleiben eines Teils der Klone die Aussichten der Stammzelle bei der Partnersuche und Zeugung. Fähigkeiten zur Zurückhaltung, zum Vorlassen, zur Aufopferung, zur Differenzierung, die hierzu dienlich waren, bleiben nach dem Überwinden der Hindernisse im Genom bestehen und finden somit bei der nächsten Zeugung bessere Voraussetzungen für den Fortpflanzungserfolg. Denn beim Vorgang der Überwindung der Hindernisse werden nicht die Eigenschaften der überlebenden Klone bevorteilt, sondern die der Stammzelle, von der sie sich abzweigen. Jeder Erfolg bei der Überwindung der Hindernisse der später zu einer Zeugung verhilft, fördert somit in den Nachkommen sowohl Selbstlosigkeit wie Wagnis. Bei der nächsten Paarung kommen vor allem Individuen zusammen, deren Vorfahren wenn auch abweichende so doch erfolgreiche Sturm-Strategien erprobten. Damit eröffnet die Sexualität einen sich fortwährend beschleunigenden Vorgang, bei dem Vermehrung der dem Untergang geweihten Stammzellen zur Gambit-Figur der Fortpflanzung wird. Mehrzellige Riesen wie die gelbe Haarqualle (36 Meter), der Blauwal (33 Meter) oder Mammutbäume (140 Meter), Wälder aus Pflanzenablegern des Pandobaums (43,6 Hektar), Termitenstaaten und Bienenvölker sind Beispiele der Entfaltungsstrategien und der Selbstverwirklichung einzelner sexueller Stammzellen. Die Vermehrung der sexuellen Stammzelle dient nicht mehr dem ungebremsten Wachstum, sondern der Sicherung der Zukunft und führt daher auch zu einer wachsenden individuellen Lebensdauer der sexuellen Arten in der Evolution.

Krone der Schöpfung

Vorsexuelle Gemeinschaften bestehen vermutlich seit 5 Milliarden Jahren und kamen dennoch nicht über die amorphen Massen hinaus, die nur per Kontinuum wachsen und sich ausbreiten konnten.

Die sexuelle Vermehrung entstand vor ca. 1,5 Milliarden Jahren, zeugte eine ungeheure Vielfalt an mehrzelligen Organismen und dehnte die Kooperationen auf die gesamte Biosphäre aus. Nicht bloß die Stammes- und Artangehörigen, alle Lebewesen mit einmaligen Eigenschaften werden in eine gegenseitige Förderung und Erweiterung einbezogen. Das Besondere an der Kooperation sexueller Arten ist der Verzicht auf die körperliche Nähe und selbst auf das zeitgleiche Agieren, wie es bei dem Specht und dem Honigdachs der Fall ist. Ganze Biozönosen setzen sich in Bewegung und verwandeln Wüsten in blühende Gärten. Mikroorganismen kooperieren mit Mehrzellern, Tiere mit Pflanzen, Menschen mit Tieren, Handwerker mit Künstlern und Wissenschaftlern, Politiker mit dem Volk. Nicht Körper, die Begabungen werden verknüpft und bilden Informationsströme über das gesamte Erdreich. Das Leben tritt dabei immer deutlicher als ein sich entfaltender Intellekt auf.

Teil V

DAS WAHRE

Alles Geniale ist einfach!

Warum wohl? Weil es gelingt. Die Einfachheit und Leichtigkeit des Gelingens sind die Visitenkarten des Wahren, Komplexität und Schwere zeichnen das Misslungene und Problematische aus.

Was macht es für einen Unterschied, ob die Sonne sich um die Erde dreht, wie jeder es mit bloßen Augen feststellen kann, oder ob die Erde die Sonne auf unsichtbaren Bahnen umkreist, wie die Sternenforscher es behaupten? Für den Wanderer, der auf einer staubigen Straße im Mittelalter läuft, - keinen, für den Piloten einer Raumsonde, sehr viel.

Haltet euch an das Wahre. Nicht weil es „ehrenhafter" ist, oder weil die Wahrheit verpflichtet. Wie auch? Sondern weil es leichter und sicherer ist, der Wahrheit zu folgen. Im Gewirr der Verfehlungen und Fehldeutungen gibt es nur wenig Sinnvolles. Unendlich viele Irrwege bleiben erspart, wenn man sich an das Wahre hält.

Alle Wege führen zusammen

Der Arzt Omar Khayyam entwickelt Algebra, Binom Geometrie, baut ein Observatorium und erstellt einen Sonnenkalender, der an Genauigkeit den Gregorianischen überragt. Nebenbei schreibt er Vierzeiler zum Thema Lebenssinn. Tausend Jahre später bringen ihm diese Vierzeiler Ruhm. Zu seiner Lebenszeit, entgeht er wegen der gleichen Verse knapp der Steinigung. Der Theologe Newton hinterlässt Lehren zur Chemie, Physik, Licht und Himmelsmechanik. Der Philologe Nietzsche übt sich in Lebensphilosophie. Der Arzt Ernst Mach schreibt Bücher über die Grundlagen der Mechanik und betrachtet letztere als einen ausgestreckten Lebensarm. Stellung, Bildung und Lebenslauf dieser Menschen können kaum gegensätzlicher sein. Dennoch berühren sie einander in ihren Bestrebungen und Schlussfolgerungen. Woher die Übereinstimmung?

Jeder Erkenntnis liegt das Leben zugrunde. Das Leben baut das Fort-schrittliche aus dem Einfachen und übernimmt alles, was sich einmal bewährte in die nächsten Entwicklungsstufen. Diese Übernahme und der Ausbau des Bestandenen führen dazu, dass in äußerlich verschie-denen Vorgängen allgemeine Gemeinsamkeiten verfolgt werden können. Je tiefer man in die Wirklichkeit vordringt, desto mehr nähert man sich dem zugrundeliegenden zentralen Prinzip und somit auch einander, gleich aus welcher Richtung man sich der Erkenntnis nähert.

Die Stolpersteine

Am Anfang war das Wort, das falsche Wort wohlbemerkt!
Wir stehen zu den Werten, schätzen diese. Wir tragen Werte in uns! Ja?
Ganz bestimmt! Nur welche?
Menschen wiederholen bereitwillig griffige Phrasen und machen fremden Unverstand zum eigenen. Der Kopf ist voll von nicht hinter-fragten Zitaten, Sprüchen, Weisheiten. Es ist erheiternd, die Schubla-den seiner, zum größten Teil arglos übernommenen Vorstellungen zu durchstöbern und auf Realitätssinn zu prüfen.
Der Krieg ist die Fortsetzung der Politik mit anderen Mitteln. Was ist aber Politik? Wozu kann man dabei die Mittel des Krieges gebrau-chen? Warum muss man die Politik bis zum Krieg fortsetzen? Sind Nachrichten, Wirtschaft, Theater nicht ebenfalls eine Fortsetzung der Politik mit anderen Mitteln? Ist demnach der Krieg nicht ebenfalls eine Fortsetzung des Theaters mit anderen Mitteln?
Die antiken Bauten sind dauerhaft, weil alte Meister Mörtel durch Zugabe von Eiern, Milch, Quark, Molke etc. verbesserten. Wie viele Eier sind für einen Betonmischer nötig? Wie viele volle Betonmischer braucht man zum Errichten eines Hauses, einer Stadtmauer, einer Brücke? Wo findet man die dafür benötigten Lebensmittel?
Die Demokratie ist die beste Regierungsform, weil diese eine Macht des Volkes ist. Wer ist aber das Volk? Wie übt es die Macht aus? Was macht es besser? Von Sokrates` Hinrichtung bis zum arabischen Früh-ling, Präventivkriegen in Jugoslawien und gelenkten Libyenaufständen – vielfältige Quellen und Ausgrabungsfunde belegen rituelle Men-

schenopfer und eine grausame Verbissenheit des Kultes der Demokratie.

Der Sprachgebrauch vermittelt uns Redewendungen und mit ihnen Schätzungen, Einstellungen etc... Die Phrasen hängen oft in der Luft und leben unabhängig von ihrem Inhalt. Der wiedergebende Charakter der Sprache macht sie zur Virtual Reality einer "Vor-Computer-Zeit". Bewegungen darin haben nicht direkt mit der Wirklichkeit zu tun, wohl aber mit den Eindrücken, Annahmen, Fehldeutungen, Missverständnissen der Vergangenheit. So wie die Reiseberichte von Marco Polo zeigen sie uns wo der Mensch hinwollte, nicht aber wo er tatsächlich ankam. Solange wir uns nur im Virtuellen bewegen und bei allgemeinen Feststellungen bleiben, scheint die Welt heil. Stolpert man jedoch und fällt, weil man auf ein Hindernis trifft, der nirgendswo vorgemerkt wurde, wird man stützig aber noch nicht besorgt. Die Menschheit, die Wissenschaft weiß alles und hat für jede Anomalie eine Erklärung. Die Bibliotheken sind voller Wissen zu allen Fragen des Lebens. Man schaut hinein und ist entsetzt in keinem der Werke auch annähernd eine Erklärung zu finden. Erst hier beginnt die eigentliche Arbeit, die Kopfschmerzen des Zweifelns aber auch der Aufstieg in das Universum, das sich hinter den Phrasen ausbreitet.

Der Irrtum

> Die Wahrheit siegt immer, nicht aber das, was man
> für die Wahrheit hält

Soll man ein Wort benutzen, dass bisher nur Missverständnisse mehrte? Ja, wenn man verstanden hat, woher der Fehler kommt und wie man diesen behebt. Die Ritter der Tafelrunde Arthurs zogen aus, um den heiligen Gral zu finden. Gesucht haben sie das ewige Leben. Der Gral, so wie vorher der philosophische Stein sollten deren Besitzer unsterblich machen. Die Unkenntnis elementarer Zusammenhänge führte zu erbitterten Kämpfen, endlosen Wanderungen und eigenen wie fremden Opfern. Ja, sie haderten, litten, aber sie erreichten nichts und drehten sich sinnlos im Kreise unvollkommener Vorstellungen. Sie wollten Ketten zerreißen, Gnade und Verklärung erringen, aus der ewigen Lebensquelle trinken und schleppten bloß ihre Vorurteile mit sich herum. Sind wir mit unserem „überragenden" Wissen anders? Auch wir irren uns gleich armen Rittern.

Die Lehre Darwins ist ein Irrtum. Irrtümer sind nun einmal unvermeidlich. Dies erklärt jedoch in keiner Weise ihr Aufkommen und das explosive Sich-Ausbreiten. Unklar ist auch, warum die Menschen im Irrtum verharren, ja das Bekennen dazu zu ihren Vorzügen zählen und stolz auf die eigene Uneinsichtigkeit sind. Es gab genug triftige Gegenargumente um, wenn auch nicht die richtige Erklärung der Evolution zu finden, die bei Lamarck so treffend formuliert sind, so doch zumindest bei den Behauptungen der „Selektionshypothese" stutzig zu werden. Auch wurden die Widersprüche des Kampfes ums Überleben von Zeitgenossen offengelegt und scharf kritisiert. Genutzt hat das nichts. Die Gegenstimmen verhallten ungehört. Worauf gründet sich aber diese Bereitschaft zum Irrtum und der Unwillen, Gegenbeispiele zu sehen? Der Welt zu zeigen, dass etwas falsch ist, genügt nicht. Man muss auch das Richtige finden und den Weg dorthin freimachen. Was boten Kritiker als Alternative? Etwa den Glauben an die Autorität Gottes? Die Schlussfolgerungen lehnte man ab und verwarf den Rest.

Doch nicht so

> Hat er ein schlechtes Gewissen, dass er sich rechtfertigen muss?

Beim Lesen der Werke einstiger Denker wird man den Eindruck nicht los, es ginge ihnen vor allem darum, sich zu rechtfertigen. Die meisten ihrer Argumente kreisen nicht um das „was ist", sondern um das „was nicht ist". Genau genommen, um das was falsch an dem war, was vor ihnen gedacht, gesagt, geschrieben und getan wurde. Erst nach der umfassenden Widerlegung kommt es zur einen kurzen Klarstellung, wie es richtig sein sollte. Aus heutiger Sicht erscheint solch ein Tauziehen absonderlich, vorwiegend aber merkwürdig und vor allem ermüdend. Muss man denn all dieses langatmige Zeug lesen, gar verstehen? Was gehen uns die naiv verschrobenen Vorstellungen der Vorfahren an. Wir wollen das Positive! Mathematik, Algebra, Geographie und Physik werden in der Schule in klaren Sätzen ohne Reverenzen vor der Vergangenheit dargestellt. Warum nicht gleich so? Wozu all diese Umwege, Rückblicke und Kniefälle vor dem Überholten?

Dem aufmerksamen Leser ist bestimmt aufgefallen, dass wir ebenfalls bei den Rechtfertigungen vor dem Bisherigen angelangt sind und wiederholen genau die Vorgehensweise, gegen die wir uns am Anfang auflehnten. Wahrscheinlich geht es nicht anders. Das Leben interessiert sich nicht so sehr für das Richtige, sondern für das Bessere. Das jeweilige Bild von der Wirklichkeit wurde durch die vergangene Tätigkeit erschaffen und ist stets eine Annahme und eine Fehldeutung zugleich. Annahmen, die das Vorankommen erleichtern, werden für richtig gehalten, was sie in den geltenden Grenzen auch zweifelsfrei sind. Das Leben steht jedoch nicht still. Die Ausdehnung einstiger Erfahrungen auf Gebiete und Zusammenhänge, wo diese nicht wirken, macht deren Schlussfolgerungen unbrauchbar und das Beharren darauf falsch. „Das ist so" des Neuen lässt sich darum nicht geradeaus aufstellen geschweige denn vermitteln, sondern muss zunächst als das Gegenteil des Alten „So ist es nicht – so geht es nicht" durchdacht und präsentiert werden. Jeder Bejahung ist daher eine Ablehnung des Einstigen vorangestellt.

Die Frage falsch oder richtig stellt sich für das Leben nicht. Alles, was das Leben unternimmt, muss richtig sein und war zum gegebenen Zeitpunkt gewissermaßen vollkommen. Das Alte ist nicht falsch, es ist wie jede Annäherung in bestimmten Grenzen gültig. Wir sind aber längst über die einstigen Grenzen hinweg.

Die Irrwege der Logik

Auch Dummheit rühmt sich der vollkommenen Logik und hat damit sogar Recht.

Eine zerkratzte Schallplatte auf dem Grammophon oder eine CD im Computer bleiben an der schadhaften Stelle stehen. Dabei kann der Fehler winzig sein, ein Wort oder eine Bitfolge betreffen. Ginge es ums Leben, so bedeutete ein solches Stolpern den Tod, auch dann, wenn alles Notwendige noch vorhanden wäre. Damit kein Abbruch droht, müssen Lebensprogramme selbst bei größeren Fehlern die verbliebene Information umsetzen können. Moderne Elektronik trägt diesem Umstand Rechnung, lässt den mangelhaften Abschnitt aus und liest weiter. Dabei entstehen jedoch Sprünge in Ton, Bild oder Farbqualität, die zum Beispiel beim Abspielen eines Kinofilms unangenehm stören. Spezielle Programme schaffen Abhilfe. Ohne zu wissen worum es geht, die Originalsequenzen gingen ja verloren, schneiden diese Programme das verbleibende Material so zurecht, wie es halt gehen könnte. Zu den bestehenden Verlusten werden weitere zugefügt. Die Mängel werden jedoch dabei unsichtbar. Man schaut sich den neuen Zuschnitt an und kann keine Widersprüche erkennen.

Das Leben hat solche Korrekturhilfen lange vor der Informatik entwickelt. Die Informationen des Lebens sind niemals komplett. Damit die Wahrnehmung nicht aus abgehackten Abschnitten besteht, werden Lücken ausgeblendet, an passenden Stellen übersprungen oder mit Erfahrungswerten und Annahmen gefüllt. Das Entstehen eines zusammenhängenden Wahrnehmungs- oder Vorstellungsbildes, das Abrunden von Kanten und Schließen von Löchern in der Vorstellung ist die Aufgabe der Logik. Die Logik ist nicht wahr, sie ist in den Grenzen des Verfügbaren folgerichtig. Logik ist unter Umständen sogar ein Feind der Wahrheit. Der Folgerichtigkeit wegen schneidet die Logik alles weg, was die Gleichmäßigkeit stört, als würde es diese nicht geben. Der Kopf hat keine Augen im Nacken. Doch unsere Augen erkennen kein schwarzes Loch, das an dieser Stelle sein müsste. Wenn wir springen, springt das Bild um uns nicht, obwohl es genau das ist, was wir sehen müssten. Logik der Wahrnehmung korrigiert diese Sprünge automatisch. Wenn man dagegen mit dem Finger auf den Augapfel drückt, springt das Außenbild, weil keine vorgefertigten Programme diese Situation korrigieren. Wenn ein rechter Arm fehlt, bedient man sich des linken Armes. Fehlt ein Bein, stützt man sich umso mehr auf das verbleibende. Im Denken ist es ebenfalls so. Wenn das Gedächtnis hinkt, ruft man die Logik zu Hilfe, die das Fehlende mit dem Vorstellbaren füllt. Können Alzheimer Patienten logisch sein? Und wie! Auf die Frage: „Wie alt sie sind?", -antwortet ein Dementer nicht mit: „Ich weiß nicht", - sondern erwidert schmunzelnd: „Raten sie mal". Auch Schizophrenie und Wahn sind bestechend logisch: „Ich weiß, dass es Paranoia ist, aber diese kommt auf, weil sie hinter mir her sind". Die gut gemeinte Aufforderung, man solle logisch denken, ist in Bezug auf die Wahrheitsfindung naiv. Dummheit, Scholastik oder Weisheit bedienen sich gleichermaßen der Logik. Innerhalb ihrer Überlegungen sind die einzelnen Konzepte schlüssig. Was logisch ist, muss weder wahr noch sinnvoll sein. Nicht die Logik, sondern die Freiheitsräume des Handelns bestätigen die Wahrheit. Der Unterschied zwischen Weisheit und Dummheit, Eingebung und Wahn besteht darin, wie man mit den Tatsachen umgeht. Wahn und Dummheit scheren sich nicht um Tatsachen, wenn diese ihre Logik stören und können daher diese weder sehen noch nutzen. Es kann nicht sein, weil es nicht sein darf. Die Weisheit klammert sich an Tatsachen, um die Trugbilder zu kippen. Man will nicht bloß elegant denken, man will sich in der Wirklichkeit ungehindert bewegen. Stimmt eine einzige Kleinigkeit nicht, so muss ein Deutungsfehler vorliegen. Die Einstellungen und die Handlungen bedürfen einer Überprüfung und Neuordnung.

Zeit und Dauer

Nur die Zeit zählt, die uns etwas gibt statt zu nehmen.
Wir nehmen ein Buch, blättern darin, stellen es zurück in das Regal, um es später zu lesen. Jahrzehnte danach finden wir es zufällig an der gleichen Stelle und erinnern uns beschämt an den einstigen Vorsatz. Etwas kam wohl dazwischen und das mehr als einmal. Der Tag ist mit dem Nachlaufen wechselnder Reize gefüllt. Man stellt etwas an, redet, müht sich, reißt die Umstände um, verliert, gewinnt, sammelt, schleppt herum. Das Eingesammelte nutzt man meistens nicht, sondern hebt es für später auf. Dabei zeigt erst die Umsetzung, ob das, was unsere Netze füllte, Gewinne oder Verluste bringt. Zum Aufarbeiten dienen Augenblicke der Stille, des Nachdenkens, sich Sammelns. Während der Zeit, die man sich hierfür nimmt, kann man etwas verpassen. Die Anderen ziehen an dir vorbei und triumphieren. Sie freuen sich zu früh. Die Himmelspforte ist immer offen. Jeder wird rechtzeitig beim Alter und Gebrechen ankommen. Dort liegt das Endziel eines kopflosen Rennens.
Die Zeit für Physis ist ein Nenner der Zerstörung. Der schnellere Vorgang ist ein Bruchteil des Langsamen und gleichmäßig. Für das Leben

ist Zeit ein Sprungbrett in die Ewigkeit und von unbeständigem Lauf. Die Geschwindigkeit des Lebens wird nicht durch den Uhrzeiger, sondern den Beitrag zur Dauer bestimmt. Die Zeit kann bis zum Bersten ausgefüllt sein und sich dennoch nicht von der Stelle bewegen. Wenn Ereignisse nicht zum Dasein beitragen, verfliegen Stunden (Tage und Jahrtausende) als hätte es diese nie gegeben. Umgekehrt, Augenblicke – ein Buch, ein Gespräch, ein Erlebnis, die Dauer bringen - währen und tragen der Unendlichkeit bei.

Ich denke, jeder kann sich auf eine Erfahrung besinnen, wo das ticken der Uhr wegblieb. Man schwebt auf den Wogen der Ewigkeit einer endlosen Welt. Dann kommt der Schrei, der Sturz mit Schmerzen, weil man etwas übersehen, nicht erledigt oder unachtsam verbockt hat. Die Wirklichkeit holt einen ein und reißt aus der Unendlichkeit heraus. Reuig versucht man nun aufzubessern, was man angeblich während der Abwesenheit verpatzt hat. Früher hielt ich solche Augenblicke für eine gefährliche Laune, die den Selbsterhaltungstrieb ausschaltet. Inzwischen weiß ich bestimmt, sie waren meine wertvollsten Erlebnisse. Gleich wie kurz diese Augenblicke auch waren, sie gaben mir jeweils, was durch nichts aufzuwiegen ist. Ich kehre immer wieder zu dem, was ich damals durchdachte dankbar zurück. Aber ich weiß auch, dass man sich aus der physikalischen Zeit erst dann herauslösen kann, wenn man diese beherrscht. Am Anfang muss es bei kurzen Tauchversuchen mit anschließendem Luftschnappen bleiben. Erst nach und nach lernt man es, sich sicher in den Tiefen der Zeit-Raum-Verhältnisse zu bewegen.

Jedem das Seine

> *Каждый в меру своего понимания работает на себя, а в меру своего непонимания на то что важнее*   - Das Verstandene dient dem eigenen, das Missverstandene dem allgemeinen Wohl

Geschichten wie Alien, Prädator, Krieg der Welten artikulieren Bedenken. Wem wird der Tag von Morgen gehören - unseren Freunden, unseren Feinden? Jeder spürt, wie unvollkommen er ist, wie schwach und zerbrechlich. Würden die anderen das ausnutzen? Schließlich löst das Bessere stets das Unvollkommene ab. Ergibt sich daraus zwingend, dass ein Leben das andere verdrängen muss? Auf jeden Fall wird es keinen Mangel an solchen Versuchen geben. Der Drang nach „Lebensraum" zeugt nicht von Überlegenheit, sondern Beschränktheit der eigenen Sicht. Der reine Verstand erhebt sich über die einzelnen Interessen.

Wie bitte? Reiner Verstand. Was soll das sein?

So schwer ist die Erklärung nicht. Schimmelpilze an Lebensmitteln und Zimmerwänden sind abstoßend, nicht aber Medizin, die sich daraus gewinnen lässt. Viren sind mitunter tödlich, nicht aber ihre Enzyme und Sequenzen, die man molekulargenetisch nutzen kann. Fäulnisgerüche sind eklig, nicht aber Produkte der Fermentation eines Bioreaktors. Darin besteht der Unterschied. Reines Wissen lässt sich universell im Sinne des Lebens als Ganzes nutzen, subjektives Wissen nur in eigenen Interessen.

Was sollen diese Spitzfindigkeiten? Gegen das Subjektive kommen keine Gründe an. Muss der reine Verstand deswegen stets ungehört bleiben?

Die Unbelehrbarkeit des Subjektiven schmält den reinen Verstand nicht, sie erweitert ihn. Keiner Lebensform wird es möglich sein, alle Aspekte der Wirklichkeit auszukundschaften, bei allem dabei zu sein. Hierzu besteht auch keine Not. Die Vielfalt des Lebens erledigt diese Aufgabe ohne Aufforderung. Jede Lebensform versucht sich in der spezifischen Wirklichkeit zu behaupten. Wir müssen diese nicht anfeuern, nur ihr Wissen und ihre Erfahrungen erkennen und nutzen. Ihr Verstand wird somit zu unserem, oder wenn er dem Leben als Ganzem zukommt, zum reinen Verstand. Es gibt kein Lebewesen, dessen einmalige Fähigkeiten der Evolution nicht beitragen. Es gibt keinen Bösewicht, den man nicht zum Guten nutzen könnte. Nutzen heißt weder billigen noch folgen, sondern einbeziehen, um dorthin zu gelangen, wo uns der Zutritt verwehrt ist. Umgekehrt, das Vernichten des Lebens, egal welches, verarmt, hinterlässt eine Leere, die man selbst ausfüllen müsste, nicht ausfüllen will und oft nicht ausfüllen kann. Überlass des Schurken, was des Schurken ist. Dort, wo unsere Erfolge fremde Fortschritte potenzieren, werden wir überall willkommene Hilfe finden, und diese nicht nur mit Helden und Philosophen, sondern auch mit Krankheitserregern und Feinden teilen, ohne ihnen ähnlich zu werden oder „faule Kompromisse" einzugehen. Bewusstsein ist das Gefäß in dem der reine Verstand aufbewahrt wird.

Bewusstsein

Gewöhnlich setzt man Bewusstsein mit dem „richtigen Denken und „korrektem Verstehen" gleich. Dabei denken wir auch dann, wenn wir daran nicht denken, und verstehen, wenn wir dessen unbewusst sind. Wir denken beim Handeln, Meditieren, selbst im Schlaf. Wir tun es dabei mitunter intensiver als sonst und liegen zuweilen richtiger als manche bewusste Einbildung. Mit richtig oder falsch hat das Bewusstsein nichts zu tun. Was unterscheidet dann das Bewusstsein und das Denken? Wieso sind wir so auf das Bewusste erpicht? Was macht es wo wichtig?
Denken ist der Umgang mit den Inhalten. Bewusstsein und Bewusstwerden ist etwas Weiteres. Das Bewusstwerden ist ein Gestalten und Verfassen der Denktätigkeit in Symbolen der Mitteilung. Das Bewusste ist nicht bloß das Durchdachte, das Bewusste ist das Mitteilungsfähige und hierdurch das Gemeinsame. „Sich etwas bewusst zu werden" oder „etwas bewusst auszuführen", bedeutet noch nicht, etwas zu verstehen. Es bedeutet, dass man es vor den anderen rechtfertigen und den „Anderen" erklären kann. Bewusstes Denken, ob richtig oder falsch, ist somit stets ein gemeinsames Mit- und Weiterdenken. Dies trifft auch dann zu, wenn niemand vorhanden ist und selbst dann, wenn das Durchdachte verborgen oder andere irreführen sollte.
Alle Tiere, ja alle Lebewesen bedienen sich der Sprache in Symbolen der Gemeinsamkeit. Außerhalb der Unterhaltung denken Tiere in Vorstellungen des Machbaren. Der Mensch bietet keine Ausnahme hierzu. Anders als die Tiere akzeptiert der Mensch die Resultate seiner Denktätigkeit erst, wenn er hierfür einen passenden Mitteilungsausdruck findet, sich somit den Inhalten seines Denkens „bewusst wird" und weitergeben kann. Nicht ohne Grund. Das Verfassen der Denktätigkeit in Mitteilungssymbolen der Schrift, des Tons, der Bit-Abfolge trägt die Mitteilung über einzelne Leben, bindet Kontinente und Epochen, und bewahrt Erfahrung von Zivilisationen auf, selbst über den Tod hinaus. Wir tun es heute mit Büchern, Filmen und Skype. Wer

weiß, eines Tages werden wir Signale unbekannter Wesen aus dem Weltall empfangen und auf diese Weise Entfernungen zwischen Galaxien überwinden, ohne dass unsere Körper die kosmische Leere sinnlos füllen müssen.

Sätze und Bücher sollen harmlos sein? Von wegen! Es genügt ein einziger Mensch, um das Universum zu lenken. Nicht Armeen – das sich entfaltende Bewusstsein nimmt Festungen ein, errichtet Reiche und verwirklicht Visionen. Die Bezeichnung des Menschen als Homo sapiens ist falsch. Der Mensch ist ein Homo conscius, ein mitdenkendes Wesen.

Teil VI

Illusionen

Menschliches, Allzu-Menschliches

Was man so sagt

Romane biegen das Bild der Wirklichkeit zurecht, vergrößern bestimmte Momente, lassen Unliebsames oder Langweiliges weg, fügen Treffliches hinzu, so wie es sein könnte, müsste, sollte…. Aber selbst unter solchen optimalen Voraussetzungen nach Ausblenden aller widerstreitenden Fakten und Hindernisse kommen die Autoren nur bis zu einem bestimmten Punkt und nicht weiter. Um ihre Hilf- und Ratlosigkeit zu verdecken, lassen die Autoren den Vorhang fallen und ziehen sich mit einem billigen Trick zurück: Und wenn sie nicht gestorben sind, dann leben sie noch heute vergnügt ….. bis an ihr Ende. Menschen gehen an die Gestaltung ihres Lebenslaufs ähnlich ran. Sie biegen die Wirklichkeit um sich passend zurecht, wie ihre Kräfte es halt zulassen, haben damit kurzzeitig und zu bestimmten Abschnitten Erfolg. Anders als die Romanautoren können sie zu keinem Zeitpunkt einfach aussteigen und müssen dann zusehen wie alles so mühsam Errichtete einstürzt. Dabei ist das Zwischenzeitliche bloß eine Übung, eine Einstimmung. Das Wichtigste besteht gerade darin, herauszufinden, was auf uns zukommt und am Ende der Mühen erwartet, Vorbereitungen treffen und angemessen über das bisher Unvermeidbare hinaus zu handeln.

Das Können können

> Schau nur, ich habe gerade einen Schlips für 1000 Euro bekommen!
>
> Man bist du dumm! Der ist im Laden an der Ecke für 7000 ausgelegt.

Amsterdam, Singlegracht, Boote im Wasser, die seit Monaten mitunter Jahren an der gleichen Anlegestelle schaukeln. Man gibt ein Vermögen für den Besitz des Bootes aus, repariert, putzt, entrichtet Steuern, zahlt Miete und Handwerker. Wozu das alles?

Menschen legen zu viel Wert auf das „Sich-Leisten-Können". Ein eigenes Boot, Jacht oder Schiff belegen, dass man nach Laune einsteigen, die Segel hissen, den Motor anwerfen, hinaus aufs Meer auslaufen, sich lässig auf dem Deck zeigen und kurz darauf zur Anlegestelle zurückkehren kann. Geld haben und dieses nach Belieben ausgeben, überall Immobilien besitzen und jederzeit beziehen können. Ungenutzt Wissen anreichern um mit diesem zu punkten. Bei allen diesen Belegen des Sich-Leisten-Könnens fehlt eine wichtige Zutat – der Sinn. Nicht die Möglichkeit, sondern der Sinn macht eine Fahrt und den Kapitän zu etwas Besonderem. Zwischen der Freiheit des Dürfens und der Freiheit des Schaffens liegen Welten. Oft verschwendet man das Leben für Überflüssiges, in der Hoffnung, es eines Tages effektvoll einzusetzen, die anderen hatten es ja! Dieser Tag kommt nicht, während der heutige Tag und die folgenden Tage dahingehen. Menschen geben das eigene Leben für Versprechen aus, die sie nie einlösen.
Lebt! - Der Rest folgt.
Was aber, wenn einem eben diese Mittel fehlen? Tun sie es jemals? „Lass meine Armeen Bäume, Felsen und Vögel sein!" Wie sehr ich diesen Spruch liebe! Wahre Mittel sind Luft, Wasser, Erde, Lichthasen am Fensterbrett, der Regen, der Sonnenschein, Moos, Steine und Schnee. Die Macht des Schöpfers liegt in dem Reichtum seiner Vorstellungen, die aus dem Alltäglichen das Außergewöhnliche schmiedet.

Das Bessere und das Bequeme

Erstzunehmende eben gemachte Menschen sein

Bei einem Spaziergang in der Stadt schnuppern Hunde an jedem Baum und pinkeln die Senkrechten an. Wie sinnlos dieses Setzen von Revierzeichen ist, zeigen die Leinen und Bänder um ihren Hals. Die Menschen sind nicht viel anders. Sie blasen sich auf, bekriegen sich um ein Stückchen Stellung und Krümeln des Besitzes. Selbst gebildete Menschen folgen längst hinfälligen Verhaltensmustern. Dabei geht es nicht um das Nützliche, sondern um das Gültige. So viele Generationen konnten sich nicht irren! Bei der Anlehnung an das Einstige entfalten Menschen große Kräfte, leiden Entbehrungen – und geht auch die

Welt zugrunde – bleiben bei dem sinnlosen Drang. Sie sind nicht dumm. Oft sind sie sogar äußerst scharfsinnig. Nur sie wollen schlicht auf der sicheren Seite stehen.

Wo ist diese? – Ist es die Seite der anderen, der Mehrheit, liegt sie auf der Seite des Einflusses oder der Macht? Wem schließt man sich an? Wer gibt die besten Garantien?

Man muss ein paar geschichtliche Umbrüche erleben, um zu begreifen, dass sich die festesten Überzeugungen, Geld, Macht und Einfluss in wenigen Augenblicken auflösen, als hätte es sie nie gegeben. Dennoch, der Lemming sitzt tief in uns und ist entschlossen, auf dem Marsch zum Felsenrand für seinen Platz in den Reihen erbittert zu kämpfen.

Die Ismen

Kapitalismus ist eine Macht des Geldes. Sozialismus ist eine Macht des Staates, Kommunismus ist eine … wer weiß das schon! Dann gab und gibt es noch Monarchie, Oligarchie, Autokratie, Demokratie, Globalisierung, Separatismus, Populismus, Anarchie… Die Schlagwörter trennen Menschen, bündeln zu den Anhängerscharen. Und der Verstand – wo bleibt er dabei?

Nun, einzelne Formen des sozialen Lebens sind Hebel, derer sich der Verstand bedient. Fehlt die Einsicht, nutzen die Hebel nichts, bleiben nur noch ausgehöhlte Namen übrig.

Die Wurzeln

Wenn dem Hier und Jetzt nicht das gelingt, was die Vorfahren scheinbar im Flug bewerkstelligten, so muss es daran liegen, dass man vom richtigen Wege abgekommen ist. Man braucht lediglich zu den Anfängen zurückzukehren, so tun wie man es damals tat, den Erfolg wiederholen und beibehalten. Klingt einfach, würde es aber gehen? Gerade das Altertum zeigt: Mesopotamien, Karthago, Athen, Rom, Mongolenreich, Habsburger, Hanse, Britisches Empire - die einst Mächtigen erheben sich nie wieder. Die Macht fällt nicht herunter, um aufgehoben zu werden. Es ist nicht eine Frage des Wollens, sondern Könnens. Bauwerke, Reichtum, Armeen sind deren Derivative und nicht die Ursachen. Menschen kommen zusammen, errichten Großartiges. Dann gehen sie auseinander und hinterlassen einen Scherbenhaufen. Warum?

Vom Zweistromland bis zur Auflösung der Sowjetunion sehen wir Reiche aufgehen und in einem Bürgerkrieg verlodern. Zeitzeugen wie

Historiker beschwören einstimmig: entscheidend für den jeweiligen Zusammenbruch waren Fehler im Umgang mit Fragen des Landbesitzes und der Herkunft (familiären, nationalen, religiösen). Trotz dieser überwältigen Übereinkunft zweifle ich daran. Heute liegen ganze Landstriche fruchtbaren Lands verlassen, große Adels- und Nationsnamen werden mit Verlegenheit erwähnt, die Religionen belächelt. Niemand will sich an diese binden. Woher die einstige Brisanz? Worum ging es eigentlich bei dem tödlichen Kampf um „Blut und Boden"?

Talleyrand war ein Opfer, Akteur, Totengräber und schillernder Chronist der großen französischen Revolution. Scharfsinnig dokumentierte er die damalige Zeit. Aus unzähligen Details geht hervor, dass es die wichtigste Angelegenheit des vorrevolutionären Adels war, die Nächsten in die wichtigen Positionen zu hieven. Adel ermöglichte einem Zwanzigjährigen seinen Lebenslauf im Stand zu beginnen, den der „Gemeine" bei besten Voraussetzung erst mit 50 Jahren erreichte. Ein enormer Vorteil angesichts der Kurzlebigkeit des Menschen. Ähnlich wirkten Nationen- und Staatsangehörigkeit. Diese hoben ihre Schützlinge über die Epochen des sich Sammelns und Irrens. Das Begehren des „Blut und Bodens" galt weder dem Stand noch dem Land, sondern den Gelegenheiten. Schwanden diese – wandte man sich von den einstigen Götzen ab und folgte den aufkommenden Neuen. Das selbe sehen wir heute nur anders verpackt. Die Jugend war einst mittellos. Bei den Anfängern war nichts zu holen. Ahnenbilder mit Bärten schmückten in schweren goldenen Rahmen Wände der Ministerien und Universitäten. Man ahmte Gediegenheit nach, wollte älter erscheinen, legte Wert darauf, bestimmten Familien, Berufen und Kreisen anzugehören, Eigenständigkeit und Ehre zu bezeugen. Das Kreditwesen schwang mit dem Zauberstab. Alles wurde auf einmal ganz anders. Wozu sparen und sammeln, wenn man jetzige Ausgaben aus der Zukunft bezahlen kann. Die Blauäugigkeit der Jugend und das Kreditwesen ergänzten und verzahnten sich. Die einstigen Traditionen, Vorbilder und Statussymbole störten. Ahnen und Boden wurden zur Bürde. Fleiß, Sparsamkeit, Genügsamkeit durften nicht mehr der Selbstbehauptung, sondern allein dem Bedienen der Kredite gelten. Selbstständigkeit, Unabhängigkeit standen im Weg. Polit-korrektheit, Tugendterror, Buh-mühungen, Konsensus-Bespitzlung und Moralpranger fanden einen fruchtbaren Boden und breiteten sich epidemisch aus.

Jugend mag unerfahren und mittellos sein. In Zeiten allgemeiner Orientierungslosigkeit bietet sie bedeutende Vorteile: Unbefangenheit mit der die Verbindlichkeiten eingegangen werden, ob man sie braucht oder nicht, Offenheit, Plastizität und Einfallsreichtum beim Ergreifen und Ausnutzen jeder sich bietende Gelegenheit, um dem Schuldendruck zu entkommen, und die ausreichende Lebenszeit, um Kredite zu begleichen. Im Paket machten diese Faktoren die Menschheit beweglicher, mobiler und offener den Neuerungen gegenüber, gleich um welche Neuerung es ging. Kreditwürdigkeit wurde wichtiger als die Liquidität. Der Markt und die Politik schrieb die „Alten" ab. Man begann Jugend vorzutäuschen, die Haare zu färben, sportliche Kleidung zu tragen, die Gesichtshaut zu straffen. Damals wie heute. Man setzte auf den Schein statt auf das Leben.

Götzendummerung

> *Mit den Eliten ist es wie mit den Kartoffeln. Das Beste ist stets unter der Erde.*

Kartoffeln erreichten Europa gleichzeitig mit dem Tabak. Die Knollen waren nahrhaft, geschmackvoll, praktisch in Anbau, Lagerung und Verarbeitung. Der wohlwollende Versuch, die Kartoffel durchzusetzen, führte zu Bauernaufständen gegen das Teufelskraut. Das Rauchen des Tabaks war teuer, überflüssig, ungesund und griff dennoch um sich. Kartoffeln galten als Abstieg und wurden als Merkmal der Armut abgelehnt. Rauchen galt als schick. Kam es doch von den Reichen. Man roch den Wohlstand förmlich an der Tabaksorte. Die kostspieligen Utensilien hierzu unterstrichen den sozialen Status und dienten als Aushängeschild der Oberschicht.

Über Jahrtausende war schwere körperliche Arbeit das Los und die Visitenkarte der Armut. Erfolg sah man im Müßiggang, in zahlreicher Dienerschaft und ungezügelten Lebensstil. Nützlich oder nicht, Reiche wetteiferten um Überfluss, zogen alles was sie kriegen konnten an sich und trugen Beleibtheit wie eine Auszeichnung. Hunger peitschte die Armen, hielt sie dürr und neidvoll begierig. Der Bauer im Mittelalter schrieb –wäre er Schlossherr, würde er nur Fett essen. Igitt!

Zucker war bis zum 16./17. Jahrhundert unerschwinglich. Königin Elisabeth I., konnte sich als allererster Mensch den uneingeschränkten Verzehr des Süßen leisten, bekam schwarze Zähne und ein lückenhaftes Gebiss. Um bedeutend zu erscheinen, malten sich daraufhin die

Untertanen ihre eigenen Zähne schwarz an und täuschten damit die Königsnähe vor. Im heutigen Warenüberfluss, geben Eliten ein Vermögen für Sterilität der Umgebung, Fitnessprogramme, gesundheitsfördernde Speisen und Getränke aus. Eine Wasserflasche für über 100 Euro ist keine Besonderheit. Ein Trainingsgerät für einige zehntausend Euro eine Bagatelle. Eine Mitgliedschaft im Golf– oder Sportklub mit unerschwinglichen jährlichen Beiträgen ein begehrtes Statussymbol. Geändert hat sich im Wesentlichen nichts. Die wertvollsten menschlichen Güter: Verstand, Bescheidenheit, Rücksicht werden übersehen. Exzentrizität, Überheblichkeit, Alles-Erlaubt-Sein setzt man mit Exklusivität gleich. Die 6 Herztransplantationen von Rockefeller, die Verbreitung von Verjüngungskuren, Embryonalzell-Transplantationen, plastische Chirurgie, Botox, Gentherapie zeigen: Eliten waren seit eh und je tierexperimentelles Material der biologischen Belastbarkeit. Eliten loten aus, wie viel der Einzelne an sich reißen und behalten kann, ohne damit etwas anzufangen. Der Umstand, dass diese Experimente freiwillig und sehr kostspielig sind, unterstreicht die geistige Armut ihrer Träger. Alternativen zur Selbstentfaltung in Vervollkommnung kann es nicht geben. Reichtum, Prunk, Dienerschaft, Stellung sind keine Richtwerte des Erfolgs. Der Schaffende errichtet Paläste aus einem Bauschuppen. Möge die Schöpfung mit euch sein!

Die Macht

Was macht die Macht zur Macht? Zeitgenossen und Nachwelt durchleuchten jeden Schritt der Machthaber von allen Seiten, nehmen ihre Entscheidungen auseinander, führen unzählige Details auf. Dennoch bleibt das eigentliche Leben von Menschen wie Napoleon, Stalin, Hitler, Roosevelt im Dunkeln. Angeregt durch die immer wieder durchgekauten Anekdoten und Storys, die angeblich den Aufstieg brachten, malen sich Phantasien aus, was man an deren Stelle alles hätte bewirken können, hätte man nur „das Sagen" gehabt. So wie die kompliziertesten Rechenaufgaben in einfachen Bitfolgen enthalten sind, sind auch die einzelnen Arbeitsschritte der Macht banal. Der Außenseiter sieht diese Handgriffe, Worte, Posen, Gesten, ist nicht schlecht verwundert, wird erregt, bekommt Kopfsausen. Wow! - ist das alles? Er fühlt sich gleicher Schritte fähig. Auch er hätte gleiche Phrasen sagen, Haltung annehmen, Handbewegungen machen können. Leider lässt man ihn nicht, sonst würde er es sogar viel besser tun. Ach, würde man ihm nur Macht geben! Wäre er bloß einmal an der richtigen Stelle zur richtigen Zeit. Ach, bekäme er nur die Macht! Was sich die Meisten darunter vorstellen: Schaustellung, Titel, Positionen, Geld - ist keine Macht. Macht ist die Einflussnahme. Ähnlich der Körperkraft und Intelligenz, kann man diese nicht geben. Macht ist nicht gegenständlich. Sie existiert nicht als Position, Stellung, Amt. Das sind alles Äußerlichkeiten der jeweiligen Anordnung und Überbleibsel gewichener Zeiten. Uniformen und Ränge helfen Bewegungen einzelner Gruppen auf dem Schlachtfeld oder in einer Bürokratie zu verfolgen, mehr nicht.

Wenn es so wäre. Warum entbrennen, um die Knotenstellen der Macht so viel Streit, warum sind diese Orte dermaßen streng geschützt? Denkt allein an den Heiligen Stuhl, Kaiserkrone oder den Präsidentensessel, an alle die damit verbundenen Geschichten, Gift, Dolche, Verschwörungen! Und warum entbrennt die Schlacht am Rand irgendeines Feldes? Was war so wichtig an dem Dörfchen Waterloo, an Prochorowka? Nichts — es sind die Stellen, wo sich die Gegner messen.

Fahne senken und heben, Krone aufsetzen, auf den Thron oder das Podest steigen, den Eid ablegen üben keine Macht aus und verleihen keine. Sie signalisieren eine Veränderung, damit die anderen sich danach richten können. Das Kräftemessen dient dem Fortbestand und Entfaltung der Macht und nicht dem Erlangen von Insignien und Sakramenten. Manch ein strahlender König verfügt nicht einmal über ein eigenes Zimmer, in das er sich zurückziehen kann. Und manch bescheidener „grauer" Diener lenkt das Ländergeschick ohne in Erscheinung zu treten. Auf die Bezeichnungen kommt es nicht an. Diese bekommen erst rückschauend das Gewicht und Bedeutung.

Beim Wort König denkt man nicht an die Sippe der kuni, von denen das Wort abgeleitet wird, bei Kaiser und Zar — stellt man sich nicht den Menschen mit dem Cognomen (Beinamen) Caesar vor. Seit Richelieu versteht man unter dem Ersten Minister etwas anderes als „Diener", was das Wort ursprünglich bedeutete, seit Bismarck und später Hitler denkt man beim Kanzler an etwas anderes als Kanzelleiter (Kammerdiener) und nach Stalin versteht man unter dem Ersten

Sekretär etwas anderes als Schriftenführer und Verwalter von Diskussionspapieren. Diese Menschen gaben den gewöhnlichen Namen ein neues Gewicht und Gesicht. „Богу и Сталину должности не нужны!" Davor gab es andere Namen, die den Zeitgenossen Ehrerbietung einflößten und die Anziehung später einbüßten wie z.B. der Imperator oder der Sultan. Manche der einstigen Bezeichnungen kennen wir nicht mehr, wie das Amt, das die Pharaonen bekleideten.

Würden sie es wagen?

pro, „Anti Machiavel" oder doch für?

Wir fragen, ob die da oben es tatsächlich wagen, sich über das Recht und Gesetz hinwegzusetzen, einfach so einen Krieg loszubrechen, die Menschlichkeit außer Kraft zu setzen, Grausamkeiten zu begehen? Dabei kennen wir die Antwort schon. Sie sind schon längst dabei. Was machbar ist, ist auch berechtigt. Was Gewinne bringt, ist angemessen. Was straflos ist, ist legitim. Was durchgeht, ist für sie auch wahr.
Ich lese Bücher von Chomsky, bin beeindruckt über die Tiefe der Analyse und Gründlichkeit, mit der er die Manipulation der Öffentlichkeit durch das politische Establishment der USA aufdeckt und brandmarkt. Ich möchte ihm applaudieren und kann nicht. Ein bitterer Nachgeschmack der Hilflosigkeit und des Déjà-vu stören. Hatten nicht Platon, Cicero, Tacitus, Rousseau schon ähnliches geschrieben und was hat es geändert? Seit Machiavelli und seinem literarischen Herausforderer Friedrich dem Großen haben wir es schriftlich wie auch geschichtlich verbrieft – der Erfolg ist kein Preis der geistigen oder moralischen Überlegenheit, sondern auch der Verlogenheit, Menschenverachtung, Gier und Treulosigkeit. „Ihr verfluchten Racker, wollt ihr denn ewig leben? - hören wir aus Mund, der vor nicht zu langer Zeit Moral Machiavelli predigte. Wie immer man dazu auch steht, die Kenntnis darüber, was und wie im politischen und sozialen Leben manipuliert wurde, ist nicht wirklich weiterführend. Dies betrifft beide Seiten: die Betrüger wie die Betrogenen. Aufzählungen der Abgründe, aufgetischter Lügen, Bestechungen, Einschüchterungen und Betrügereien führen an einem wichtigen Umstand vorbei. Sie

erklären nicht, warum die Schurkereien gelingen und was man dagegen tun kann. Wo liegt der Pferdefuß, dass klare Rechnungen nicht aufgehen? Was übersieht man, wenn man zwei und zwei der politischen Absichten zusammenzählt und mit dem tatsächlichen Resultat vergleicht? Kann Dummes zukunftsweisend, Böses heilend, Verlogenes aufklärend wirken? Gilt das Umgekehrte ebenfalls? Der Soldat tötet, um seine Nächsten und sich selbst zu schützen. Der Rebell köpft Tyrannen und ihre friedfertige Gefolgschaft, steckt aufrichtig Zweifelnde in Gefängnisse der „Freiheit" wegen. Die „Vordenker" der Wissenschaft und Kunst dienen sklavisch dem Reichtum und der Macht des Vorurteils, um eigene Werke zu fordern. Die Schurken weisen auf der anderen Seite ein hohes Maß an Treue dem Geld, Macht und anderen Idealen des Vorteils gegenüber auf, lassen Straßen und Städte anlegen, um an Reichtümer heranzukommen. Selbst Piraten und Räuber haben einen strengen Ehrenkodex, ohne den keine Verbrecherclique auskommt. Es sind eben Verbrecherehre und Verbrechergesetze. Die Geschichtsdarlegungen und Deutungen des Guten und Bösen sind unterhaltsam, aber nicht wirklich hilfreich. Der eine Historiker lobt, der andere brandmarkt die gleichen Taten. Beide finden genügend Belege für ihre Thesen. Aber wissen wir wirklich, warum sich das eine gegen das andere durchsetzt?

Viele Geschichtswendungen basieren auf Betrug, Verrat und Intrigen. Kann Betrug wirksamer als Rechtschaffenheit sein?

Zweifelsohne ja! – allerdings nur, wenn die Verlogenheit unwissentlich im Wahren handelt, die Rechtschaffenheit sich aber verblendet einem praktischen Irrtum hingibt.

Geschichte ist nicht die Geschichte gescheiterter Ideale. Sie ist das Resultat des Handelns. Alle glauben zu wissen, was die Allgemeinheit falsch tut, wenige ahnen wie und was zu tun ist, wobei nur einzelne auch das Richtige tatsächlich tun.

Das Leben folgt nicht den Theorien, sondern wirksamen Lösungen. Der zwischenzeitliche Erfolg fällt den politischen Bewegungen zu, die dem am nächsten kommen. Mäkeln bringt nichts. Alles, was der menschlichen Vervollkommnung dient, wird vom Schicksal gehätschelt. Paradoxerweise boten die abwegigen Formationen zuweilen die wirksamsten Lösungen für widerstrebende Interressen. Genauso schnell versiegt ihre Glückssträhne, sobald sich der Vektor von den Bestrebungen dreht. Wer auf der Spitze steht, glaubt sich als Bezwinger des Schicksals und ist bloß ein Werkzeug. Hitler ist ein hervorragendes Beispiel dafür, wie eine fanatische Bewegung mit totalitärer Führung all das beschleunigen und vollbringen kann, wovon diese ein absolutes Gegenteil anstrebt.

Leben in den anderen

Fremde Lebenserinnerungen sind etwas Wunderbares. Die Jahrzehnte des Daseins anderer Menschen verdichten sich auf wenige Stunden des eigenen Erlebens. Doch was sind das für Stunden! Ganze Epochen ziehen an einem wie im Rückblick vorbei. Ich habe gerade die Memoiren von Golowanow in mich aufgesaugt und nachdenklich das Buch zur Seite gelegt. Unzählige Biographien tiefe wie oberflächlichen einschließlich der chaotischen Lebensbeschreibungen von d'Artagnan (nicht zu verwechseln mit dem literarischen Helden Dumas) legten sich in meinem Kopf übereinander. Aus dem Gewirr einzelner Darstellungen stieg eine Vorahnung und lies sich als ein Leitmotiv verfolgen. Keiner der Autoren spricht explizit von den Hebeln der Macht und doch dreht sich alles um deren Analyse.
Kurz etwas zum Inhalt, um zu verdeutlichen wovon ich spreche. Golowanow hatte ein bewegtes Leben. Er war Pilot, liebte das Fliegen mit Leib und Seele. In den dreißiger Jahren studierte er Radionavigation in Frankreich, organisierte nach der Rückkehr in die Sowjetunion den Flugdienst bei Nacht und bei Unwetter im fernen Osten, wo die Entfernungen so groß sind, dass das Ankommen bei Tageslicht unmöglich war und man sich in Finsternis auf Radiosignale verlassen musste. Er hatte einiges an Erfahrung und Fertigkeiten zu bieten und gab diese enthusiastisch weiter. Dann kamen die Jahre der „Bolschoi Tschistki" 1937-39. Das Land versank im Terror gegen vermeintliche Feinde der sozialistischen Republik. Sein Aufenthalt im sowjetfeindlichen Frankreich machte Golowanow verdächtig. Kaum als Möglichkeit ausgesprochen wandten sich Menschen von dem „potentiellen Spion" ab, hatten Angst sich mit ihm zu zeigen. Knapp entkam er der Staatssicherheit, musste dafür aber die Arbeits- und Wohnorte wechseln. Die Familie seiner Frau hatte weniger Glück. Der Ehemann der Schwester wurde unter falschen Anklagen verurteilt und hingerichtet. Die Frau

von Golowanow wurde kurz darauf verhaftet, vernommen, geschlagen. Sie kam frei. Die Anschuldigungen wurden zurückgenommen. Ein schiefer Mund blieb nach der „Vernehmung" für den Rest des Lebens. Die Zusammenhänge schienen für sich zu sprechen. Die Regierung mit Stalin an der Spitze ist schuld. Man hätte alles anders machen sollen. Golowanow mied die Politik. Warum wohl?! Er flog und träumte von einer Flugflotte, die bei Tag und Nacht und bei jeder Sicht und Entfernung sicher ans Ziel kam. Während eines Fliegerfestes schilderte er dem anwesenden Narkom für Flugzeugindustrie seine Visionen. Golowanow sprach, der Narkom schaute in die Ferne. Man hatte den Eindruck er höre nicht zu. Golowanow verstummte. Eine unangenehme Pause entstand. Der Narkom ging auf das Anliegen nicht ein, begann stattdessen vom Krieg in Europa zu sprechen, der gewiss Sowjetunion bald einbeziehen wird und bat dann Golowanow völlig überraschend, einen Brief an Stalin mit der Begründung für Nacht- und Langstreckenbomber zu schreiben. Golowanow hielt das für eine höfliche Ablehnung, sagte zu und machte sich keine Gedanken. Wenige Tage darauf rief der Narkom ihn an, ob der Brief fertig sei und wann dieser abgeholt werden könne. Golowanow schrieb die Nacht durch, ließ den Brief auf dem Tisch, sagte der Frau, dass der Umschlag in der Früh abgeholt wird, und fuhr zum Flughafen. Zweitausend Kilometer zurückgelegt und in Murmansk gelandet, bekam er ein Telegramm mit der Order zurückzufliegen. Er rief seine Frau an und kündigte sich zum Abendbrot in Moskau an. Zuhause sagte ihm die Frau, dass ein unbekannter Sekretär sie zwei Mal angerufen hatte. Wegen Unwetter fielen alle Flüge aus dem Norden aus, ob ihr Mann tatsächlich zurückkommt und um 20 Uhr abgeholt werden könnte. Sie versicherte: Wenn mein Mann es versprochen hat, dann wird er da sein. Golowanow wurde öfter gerufen, wenn wichtige Personen dringend irgendwohin mussten. Es gab nur wenige Piloten, die bei jedem Wetter flogen. Weder er noch seine Frau fragten daher, worum es diesmal ging. Das Auto holte ihn pünktlich ab, fuhr jedoch nicht zum Flughafen, sondern ins Stadtzentrum. Bald fand er sich in einem unbekannten Vorzimmer. Eine Viertelstunde später wurde er eingeladen. Am Tisch saßen Molotow und Politbüromitglieder. Ein Mann, den er als Stalin erkannte, kam auf ihn zu und sagte nach einer Begrüßung: Wir haben ihren Brief studiert. Wie denken sie praktisch vorzugehen und was brauchen sie hierfür?

Ich werde die Reaktion von Golowanow und sein Buch hier nicht wiederholen. Im Verlaufe des Gespräches und nachfolgender Ereignisse stellt Golowanow fest, dass der Mann, dem er die Schuld an dem Unheil im Lande gab und für die Krankheit hielt, von gleichen Problemen wie er selbst eingenommen war und nach Lösungen suchte. Dass er weder anordnete noch befahl, sondern durchdacht handelte und dabei auch von ihm einen sachgerechten Beitrag erhoffte. Auf einmal entstand ein Band der Gegenseitigkeit, wo jede weitere Einmischung störte. Staatssicherheit, Bürokratie, unzählige kleine und große Chefs, die auf verschiedenen Etagen nach Gutdünken ihre eigenen Interessen verfolgten und das sogenannte „System" ausmachten, drängten sich zwar immer wieder dazwischen, konnten aber dank der Gemeinsamkeit der Ziele übersprungen werden. Golowanow stürzte sich daraufhin selbstvergessen in die Arbeit, die ungeachtet der wenigen Mitarbeiter hoch effektiv war.

In diesem Zueinanderfinden einzelner Bestrebungen der Selbstverwirklichung auf allen Ebenen der Gesellschaft, in deren gegenseitigen Ergänzung und Verstärkung, liegt die eigentliche Quelle der Macht und nicht im Zwang, den Befehlen, den Anordnungen. Nur das, was der menschlichen Vervollkommnung beiträgt, zählt. Geld, Stahl, Betriebe, Tonnen, Zahlen sind nebensächlich und ergeben sich daraus.

Macht ist eine Bündelung einzelnen Strebens, die einem größeren Kreis das Vorankommen ermöglicht und von Rangeleien befreit. Je realer die Perspektiven der Selbstverwirklichung, je reifer die sich ergänzenden Begabungen, je weniger Gegenreaktionen sie ins Leben rufen, desto gewaltigere Kräfte bringen diese hervor. Jeder sucht, findet und gestaltet seinen Platz. Selbstorganisation war schon immer das Hauptprinzip des Lebens. Daneben existierten der Regulierungs- und Unterdrückungsapparat des NKWD, die Administration, Bürokraten und Generäle aller Ränge. Die widerstreitenden Bestrebungen großer und kleiner Despoten prägten weiter das Bild des Systems, ohne dieses zu sein.

Es geht auch anders. Winston Churchill war ebenfalls ein Mann der Macht. Churchill färbte ebenfalls seine Zeit ab. Sein Aufstieg ist wiederum beispielhaft für einen Totengräber und Akzelerator des Verfalls eines überholten Systems. Vom Burenkrieg über den Völkerbund, den Zweiten Weltkrieg bis zum Afghanistan-, Irak-, Libyenkrieg, Kolonial- und insbesondere Indienpolitik sowie der Fulton-Rede – nichts als anmaßende Fehleinschätzungen, Eitelkeiten, Fehlgriffe und keine Andeutung von daraus gezogenen Lehren. Intrigen führten zu persönlichen Erfolgen, welche den Untergang des Empires und ihrer Auswüchse forderten. Als wahrer Anführer trat Churchill nur einmal in einem eher idealen Sinne auf, als Jemand, der den Widerstand gegen einen noch größeren Egomanen antrat. Auch da störte er, was jedoch nicht schadete, da das Ergebnis nicht mehr in seiner Macht lag. d'Artagnan, Golowanow, Churchill, Stalin…Alle handeln gemäß der Länge ihrer **Sicht** und machten gemeinsam die **Vorsehung** aus.

Kontrolle

Ein starrer Blick gerichtet auf die Tasse am Tischrand. Ein Mensch sitzt regungslos davor. Körperhaltung und Gesichtsausdruck weisen auf eine maximale Anstrengung des Willens. Alles ist einem einzigen Gedanken untergeordnet: „Tasse bewege dich!" Die wachsende Spannung scheint die Wirklichkeit zu durchdringen. Noch ein wenig! Schon ist selbst in der Luft eine gewisse Vibration zu spüren, und dann - doch nichts. Die Tasse ist dort wo sie stand, bewegungslos wie zuvor. Warum bewegt sich das blöde Ding nicht!?
Aufgeklärte Menschen halten Telekinese für Unsinn, lächeln herablassend, wenn es jemand verteidigt, zeigen sich wiederum bestürzt, wenn Mitmenschen ähnlichen Aufforderungen nicht nachkommen. Warum soll der Mensch einem fremden Willen folgen, die Tasse aber nicht? Sollte es nicht leichter sein, einem toten Ding den Willen aufzuzwingen als einem Lebewesen?
Nun, die Tasse bewegt sich nicht von alleine, die Menschen rennen sogar, wenn sie darin eine Erfüllung ihrer Interessen sehen. Anweisungen machen einen unzusammenhängenden Haufen zu einem Organismus. Die Rolle des Dirigierens wird bei der Armee, beim Symphonieorchester, in einem Theaterstück besonders deutlich. Zugleich werden auch die Grenzen und dahinterliegende Sprungfedern sichtbar. Äußerlich sieht es aus, als würden Worte Menschenströme hinreißen. Sie tun es nicht. Bewegend sind Einstellungen. Weisungen koordinieren diese bloß. Das Resultat ergibt sich aus der Tragweite des Durchblicks.

Ein Mann ein Wort

Absprachen und Inhalte überbrücken Gräben, erlauben Menschen gemeinsam zu handeln ohne einander zu sehen oder zu hören. Um wirksam zu sein, müssen Absprachen gelten. Daher stammt auch der Wert, den man seit den Anfängen der Zivilisation auf die Zuverlässigkeit und Folgerichtigkeit legt. Der Einzelne wird danach gemessen, wie er zu seinem Wort steht und welche Inhalte er vertritt. Die Bevölkerung und mit ihr die Unmündigkeit wuchs. Menschenmengen erlauben Verbindungen leichter abzuschließen, aber schwerer aufrechtzuerhalten. Zu vieles funkt dazwischen. Viele Menschen mit wechselnden Regungen und Problemen, das Kommen und Gehen, Gene, Körperlichkeit, Emotionen lenken ab. Verwaltung und Kreditwesen setzten daher statt auf die Absprachen, zunehmend auf die Abhängigkeiten, zogen Diener den Persönlichkeiten vor.

Einerseits, bedeuten die Abhängigkeiten ein Mehraufwand, denn man für die Kontrolle ihres Einhaltens erbringen muss. Andererseits lassen sich die Abhängigkeiten universell bedienen und scheinbar frei von dem individuellen Sinn anhäufen.

Zentren zur Kontrolle der Verbindlichkeiten, wurden wichtigtuerisch, umgaben sich mit protzigen Bauten. Schaut und macht es uns nach. Erstrebt Geld und Stellung, lasst diese für euch arbeiten, der Rest ergibts sich! Viele fallen darauf herein. Mit der Lebenserfahrung kommt die Verklärung: Das Geld als solches arbeitet nie, umgekehrt, die Besitzer sind die unbezahlten Diener des angehäuften Geldes. Ihr Zweck ist die Sicherung und Erleichterung wo anders entstehender und laufender Absprachen. Die Magie des Geldes besteht in der banalen Möglichkeit des anonymen Betrugs, Nehmens und Davonkommens ohne Spuren zu hinterlassen.

Arbeitsbienen

Das Altertum ist großartig und geheimnisumwittert. Großartig wegen hinterlassener Monumente und Leistungen, geheimnisvoll wegen des fehlenden Verständnisses, wie die einmaligen Werke, einst vollbracht werden konnten. Zu viel Zeit verging. Leder, Papyrus, Papier, auf denen die Zeitchronik geschrieben wurde, sind unbeständig und gingen verloren. Die Ausnahme bilden Keilschriften im Ton. Die Wüste Mesopotamiens birgt reichlich davon. Es wurden deren so viele gefunden, dass die Entzifferer der Keilschriften hofften, die Lebensinhalte vergangener Zivilisationen lückenlos darin zu finden. Die Übersetzung brachte, statt Ansichten und Weisheiten, Aufzählungen langweiliger Zuweisungen zutage. Aber vielleicht hat man die falschen Tontafeln erwischt? Neue Fundgruben wurden ausgehoben. Die Tafeln entziffert. Darunter wieder nichts als belanglose Rechnungen: ein Brot da, ein Weinkrug hier und Zahlen, Zahlen, Zahlen.
Im Grunde hat sich nichts geändert. Auch heute sehen wir, wie großartige industrielle oder wissenschaftliche Leistungen von Mittelmäßigkeit erbracht werden. Unzählige Termiten besiedeln Fabriken und Labore, verdienen Geld, bewegen Hebeln, pipettieren, füllen Küvetten, drücken auf Knöpfe, erheben Messwerte, lesen Zahlen ab, veröffentlichen Resultate in wissenschaftlichen Journalen, stemmen Unternehmungen. Für den Uneingeweihten mag es erscheinen, als brauchte man nur ein Sieb und einen Fluss mit Goldkörnchen im Sandbett, um allein durch Fleiß in stupider Tätigkeit zu Reichtum und Ansehen zu gelangen. Als könnte man Bauwerke und Entdeckungen schürfen, hätte man nur genug Geld, Arbeiter und passende Manager hierzu. Falsch! Die Arbeitsbienen machen sichtbar, was in den Gedanken enthalten war und nur eine Handarbeit brauchten, um es zu Tage zu fördern. Wo findet man aber die großartigen Gedanken, die die einstigen und die heutigen Weltwunder ermöglichten? Sie leben weiter, sind allgegenwärtig. Die abgearbeiteten Aufträge und beglichenen Rechnungen warf man weg. Die zugrundeliegenden Ideen wurden ausgebaut und weitergegeben. Man nahm sie mit, verdichtete und fügte sie zeitgemäßen Sprachen zu. Nur das Langweilige, nicht mehr brauchbare blieb neben den Monumenten in dem toten Material der Tontafeln und anderen Zeugnissen der Vergangenheit zurück.

Die Moral(an)sprüche

Man glaubt, seine Gründe zu kennen. Sind diese gut gemeint, so erwartet man von den anderen eine Anerkennung, Verständnis, Beteiligung.
Missachtung oder gar Ablehnung kann nur eines bedeuten: die Gegner sind entweder dumm oder böse. Berufen die Widersacher sich ebenfalls auf gute Absichten, so müssen diese relativiert sein. Denen geht es um das Gute, uns aber um das Höhere, am besten um Werte, die der gesamten Menschheit, Freiheit, Gerechtigkeit…..dienen. Moralansprüche schrauben sich hoch. Wenn auch das nicht hilft, wittert man Verschwörung der dunklen Mächte verschiedener Art. Artikuliert man diese Vermutung, so erntet man Empörung. Die Kontrahenten berufen sich nunmehr auf die haltlosen Anschuldigungen der Gegenseite. Was nun mal stimmt. Schlag folgt auf Schlag und erhitzt die Gemüter. Das Misstrauen findet reichlich Bestätigungsgründe. Der Kampf entflammt und fordert Opfer. In der Gewissheit der Ehrlichkeit ihrer eigenen Absichten prallen Menschen aufeinander. Dabei hat Ehrlichkeit nichts mit der Wahrheit zu tun, Absichten noch weniger. Seid auf der Hut vor den Moralisten! Sie sind bereit aus eigener Engstirnigkeit die Welt in Asche zu legen. Moral ist zum Eigengebrauch nicht zum Einfordern da, sie ist nicht auf das Unbekannte ausdehnbar.

Die Scheiterhaufen

Jesus wurde gekreuzigt, Bruno auf dem Platz in Rom öffentlich verbrannt, Galileo ins Gefängnis geworfen, Semmelweis in die Psychiatrie gesteckt und zu Tode geprügelt. Die grausamen Strafen sollten „Irrtümer" ausmerzen und Mitmenschen von schlechten Beispielen abhalten. Die grausame Erbarmungslosigkeit ist allerdings, milde ausgedrückt, verwunderlich. Immerhin wollten diese Menschen nur das Beste für alle. Ihre Ansichten waren rein und stellten niemals eine Gefahr dar. Mehr noch, die Verurteilten und nicht die Richter behielten letztendlich Recht. Ginge es bei den Verurteilungen tatsächlich um

Missverständnisse, so bleibt unklar, warum zu genau der gleichen Zeit offensichtliche Unruhestifter und Betrüger von der Allgemeinheit und den gleichen Richtern gepriesen, geehrt, belohnt, zumindest aber geduldet wurden.

Wie seltsam es sich auch anhört, aber das Schicksal der Märtyrer war mitverschuldet. Die Verkünder hielten sich für Träger des Lichtes. Hätten sie es nur dabei belassen! Sie wollten mehr. Sie wollten führen, bekehren und dafür Lob und Lohn haben. Stattdessen ernteten sie Anfeindung. Menschen wandten sich nicht gegen ihre Ideen. Sie verstanden diese gar nicht. Menschen wandten sich gegen den von ihren Ideen ausgehenden Zwang.

Es ist ein Fehler vorauszuschicken, dass jemand unsere Ansichten gutheißen muss, weil diese richtig und für die anderen vorteilhaft sein müssen. Die Unfähigkeit, den Argumenten zu folgen, hat nichts mit Gut oder Böse zu tun. Erklärungen, die sich an den menschlichen Verstand wenden, werden nur mit Mühen entsprechend dem Vorgang des Reifens verdaut, verstanden und angenommen. Plattheiten finden sofort den Zugang und sind in aller Munde. Dies ist nicht weiter schlimm. Die Masse folgt wenn auch mit kleinen Schrittchen, auf Umwegen und durch das dornige Dickicht der Vorurteile seinen Vorreitern nach. Die Menschheit reift nicht anders als jeder Einzelne von uns. Was heute mit besten Argumenten nicht zu vermitteln ist, kommt morgen ganz von alleine. Verwerft den Irrglauben, die Menschen tun absichtlich etwas schlecht. Sie tun was sie können, aber sie können es nicht anders. Großartige ist nun mal spärlich im Zeit und Raum verteilt.

Vom Umgang mit den Meinungen

Was Sie nicht sagen!

Im eigenen Kopf lassen sich Gedanken frei hin und her schieben. Ein fremder Satz setzt der Deutungsfreiheit ein Ende. Fremde Schlüsse mischen sich unter die eigenen, würfeln die Logik durcheinander, bringen die Sinne zum Kochen. Die primitivste Reaktion darauf ist eine

Weigerung: das Zusammenschlagen des Buchs, Abschalten des Radios, Zuhalten der Ohren und Augen. Wieso die Vehemenz? Es sind bloß Worte, fremde Worte dazu!

Andersartige Schlussfolgerungen stellen die eigene Urteilskraft in Frage. Die Reaktion soll die Zweifel beheben. Alexander soll den Gordischen Knoten, den er nicht entwirren konnte, mit seinem Schwert zerschnitten haben. So ähnlich schneidig reagierte die Gesellschaft Jahrhunderte lang in Bezug auf Köpfe, Glieder, Zungen von Menschen, die frei ihre Meinungen aussprachen. Das Moderne brachte eine gewisse Zurückhaltung in den Ausdruck der Ablehnung. Die Spannung blieb. Das Widerspenstige wird zerredet, geleugnet, verdrängt, verdreht und ausgelacht. Der Umstand, dass Kerker, Folter und Mord heute nicht hoffähig sind, bedeutet nicht, dass man die Inquisition nicht gerne angesetzt hätte, wäre diese zur Hand.

Nur, was kümmern uns aber die fremden Ansichten, sollten wir tatsächlich bessere haben? Wehre dich nicht gegen Meinungen auch wenn du diese ablehnst, nimm diese als gegeben, sie müssen ja nicht deine werden. Sie zeigen dir, wen du vor dir hast und sind darüber Sonden ins Unbekannte. Sie beleuchten für dich bereitwillig die Ecken des Universums, in die du dich selbst nicht wagst, für die du keine Zeit, Gelegenheit, Mittel oder Lust hast. Was ist wiederum ungerecht an dem fehlenden Verständnis eigener Gedanken? Missverstanden sein ist der unvermeidbare Begleiter jedes Bahnbrechers. Klagen über die Ungerechtigkeit der fremden Wertschätzung. Was haben diese für einen Sinn? Du bist missverstanden! Und auf dem richtigen Wege? Dann los! Sprich rücksichtsvoll, denk ungezwungen und vor allem lebe und handle! Albertus Magnus, Kopernikus, Descartes, Diderot dachten, arbeiteten und mieden Streit. Descartes sagte hierzu: „Larvatus prodeo", „Ich trete mit einer Maske auf." Sie versteckten die Wahrheit nicht – sie drängten diese niemanden auf, schrieben für die Kommenden und hinterließen Werke, an denen sich Generationen aufrichteten und die auch heute lesenswert sind.

Rücksicht und Toleranz

Rücksicht und Toleranz klingen, als würde man in den Warteraum verwiesen und untätig bleiben muss, während die anderen auf und davon sind.

Sollte man warten und zusehen wie Schurken und Dummköpfe sich vordrängeln, Lügen umherstreuen, Leichtgläubige einfangen, aufwiegeln? Jedem unserer Schritte stellen sie Schritte von Tausenden, ja Millionen Verdummter entgegen. Wir schreien und erreichen das Gegenteil. Unsere Aussagen werden verstellt, verschwiegen. Soll man all das gewähren lassen?

Was soll der Aufruhr? Seien wir ehrlich. Bei der Pathetik geht es nicht um die fremden Meinungen, wir kennen diese nicht richtig, sondern allein darum, welche Meinungen unserer Ansicht nach die anderen haben sollten.

Jemand möge sich ändern, Wissenschaft, Politik, die Menschheit müssen sich anderen Themen zuwenden, als sie gerade verfolgen und sie sollen diese anders angehen als die es gerade tun. Wieso eigentlich? Die Einsicht darüber was gut oder schlecht ist lässt sich weder verordnen noch kann vorausgesetzt werden. Nicht irgendjemand da draußen soll etwas tun, sondern wer das Richtige sieht, hat sich auch darum zu kümmern. Gewinnt ihr die Einsicht, dann müsst ihr auch Mitstreiter, Wege und Mittel hierzu suchen. Sprecht frei, wenn man euch fragt und drängt euch niemandem auf, der noch nicht reif ist. Vor allem aber tut selbst etwas, handelt ohne auf die anderen zu warten dennoch nehmt alle mit, die sich euch anschließen. Seid gewiss, Wahrheit lässt sich auch aus dem Wartezimmer anbahnen, nicht mal der Tod unterbricht ihren Gang. Wahrheit pfeift auf Erklärungen, Überzeugungen, Versprechungen, sie gibt Zügel in die Hand, damit man den Schicksalswagen lenkt.

Viel Feind', viel Ehr'!

Je größer der Preis, desto mächtigere Widersacher und Gefahren stehen einem angeblich gegenüber. Wieso angeblich? Weil es eher umgekehrt ist. Je erhabener die Ziele, desto frischer die Luft, interessanter, uneigennütziger und treuer die Begleiter, unverfälschter die Gewinne. Zugegeben, Parasiten, Fälscher und Betrüger kleben an Macht und Erfolg, und das höchste der menschlichen Gefühle, die Liebe, ist von den schlimmsten Geschlechtskrankheiten umstellt. Doch um welche Liebe handelt es sich dabei? Geschlechtserkrankungen strafen nicht die Liebe, sondern deren Entwürdigung. Die aufgesetzten Strafen sind dem Sündenfall durchaus gemäß. Schließlich, um welchen Reichtum und Erfolg entbrennt der Kampf, um welchem scharen sich die Widersacher? Um die Schöpfung? – Nein! Schmarotzer nisten sich ein und kippen die Stämme um, die dem Verfall geweiht sind. Parasiten wollen haben, statt können, nehmen statt hervorzubringen, sie riechen Blut, Geld und Mist, sie fliegen darauf. Schöpfung sehen die Parasiten nicht, selbst wenn sie unmittelbar davorstehen.

Die Heuschrecken der Gier rotten sich mitunter zu schwarzen Wolken zusammen, kommen donnernd und Blitze zucken bedrohlich nah. Mit allen Wolken ist es jedoch gleich. Sie folgen einfachen, leicht durchschaubaren Gesetzen können sich nicht frei bewegen oder gar stehen bleiben und ziehen vorbei. Man sollte auf den Donner achten, die Zeit zwischen ihm und dem Blitz berechnen und nach Wegen suchen, sich und die seinen vorübergehend in Sicherheit zu bringen, damit man, während der Sturm tobt, heißen Tee trinken und die blinden Naturgewalten aus dem Fenster beobachten kann.

Teil VII

Leib und Leben

Epikur und Stoa sind von jeher zwei der ausdruckstärksten Lehren zum Lebenssinn. Beide gehen von Gefühlen aus. Während Epikureer auf die körperlichen Freuden und Unversehrtheit setzen, betont die Stoa den Vorrang des Verstands und Verachtung des Leiblichen. Das Verhältnis beider Lehren zueinander spricht Bände. Äußerlich streitsüchtig und unerbittlich zueinander, schrieben deren Anhänger unverhohlen von der Gegenseite ab.

Und es ging, es passte! Die Schulen kämpften. Das Leben ging weiter, gleichgültig gegenüber dem Zank. Vielleicht, weil die Wahrheit ganz woanders lag. Klar bestimmt der Bauch das Denken und die Gedanken den Bauch. Sobald man jedoch abwägt, ob etwas erstrebenswert wäre, weil es genehm oder unangenehm, einfach oder spitzfindig ist, hat man das Eigentliche - den Sinn - aus den Augen verloren.

Lust und Schmerz - sind Urteile der Evolution. Eingebung und Einbildung sind Urteile der Kognition. Wozu diese gegeneinander ausspielen? Beide sind unentbehrlich!

Glückseligkeit, Ekstase, Freude, Schmerz, Kälte, Hitze, Hunger, Durst, Angst, Verzweiflung, Enthaltsamkeit, Unerschütterlichkeit, Leidenschaftslosigkeit, Verstand, Inspiration sind vorübergehende Umstände auf dem Pfad des Sinnvollen. Voraussicht bahnt sich ihren Weg. Angenehmes und Unangenehmes stecken Grenzen der jeweiligen Belastbarkeit im Guten wie Schlechten ab.

Das Unangenehme, Ermüdende, Zehrende, Schmerzhafte und deren Gegenteil sind keine Werte, sondern Quittungen. Mit dem richtigen Werkzeug und passenden Handschuhen lässt sich selbst das glühende Eisen problemlos anfassen. Vieles scheint unmöglich, schwer, leidvoll und ist dennoch erfreulich leicht. Die Kälte ist unvereinbar mit dem

Leben. Wir hüllen uns in bequeme Kleider, bauen wonnig warme Häuser. Die Nacht macht uns blind. Wir zünden Licht an. Die Schwerkraft drückt uns zu Boden. Wir richten uns auf, bauen Flugmaschinen und heben ab zu den Sternen. Ja, vieles können wir immer noch nicht. Aber ist es denn ein Grund sich damit abzufinden? Der Körper, seine Gefühle und der Verstand werden uns schon helfen, den Weg zu finden. Sobald wir die Naturgewalten beherrschen, wird aus der Not ein Wunder und wir erfreuen uns an den tanzenden Windungen einer sprungbereiten Giftschlange, dem Glitzern des Schnees, an der fließenden Lava, den kalten Farben des Andromedanebels und der Schönheit der Super Nova Explosion. Seien wir gewiss – das Beste ist stets vor uns. Die Zukunft eröffnet sich uns nach und nach von ungeahnter Seite in unvorstellbarer Schönheit und unbändiger Kraft. Man muss sich schon sehr anstrengen, um das Leben langweilig, gar unerträglich zu führen.

Gefühlskultur

Wenn ihr's nicht fühlt, ihr werdet's nicht erjagen,
Wenn es nicht aus der Seele dringt
Und mit urkräftigem Behagen
Die Herzen aller höher zwingt.

Wie schlecht kennen wir uns selbst! Streicht man mit der Hand über den Rücken oder Unterschenkel so werden wir Stellen gewahr, die zwar uns gehören, sich gewöhnlich jedoch durch nichts verraten. Muss uns denn jemand erst gegen das Schienbein treten, bevor wir merken, dass es dieses gibt?
Die Selbstvergessenheit, mit der der Körper uns dient, lässt uns ihn oft vergessen, uns allein auf die Außenwelt konzentrieren und den Körper erst beachten, wenn dieser versagt. Ganz im Unrecht ist man dabei nicht. Wozu sich in Dinge einmischen die perfekt laufen? Doch tun sie das? Reicht es, alles bei dem zu belassen, wonach dem Körper gerade ist? Ist das, was der Körper uns bietet, das Ganze wozu er fähig ist? Eben nicht. Der Körper tut, was von ihm gefordert wird. Die nicht abgefragten Eigenschaften bleiben stumm, die nicht ausgelasteten

Anlagen verkümmern. Der Verfall geht sehr schnell vonstatten. Nach wenigen Wochen der Schwerelosigkeit können Kosmonauten nach der Landung weder stehen noch laufen und müssen aus dem Raumschiff getragen werden. Um sich auf der Erde überhaupt bewegen zu können, muss die Besatzung im Kosmos stets ihre Muskeln trainieren. Ähnliches widerfuhr der Menschheit bevor sie sich auf zu den Sternen machte. Solange das Leben unserer Vorfahren ein einziges Muss war, war Körperkultur und gezieltes Training unbekannt. Man hat sich höchsten unwillkürlich gestreckt, gegähnt oder eingeschlafene Glieder massiert. Der Alltag bot genug Anlass für die Auslastung. Die Hochkulturen brachten der Aristokratie den Reichtum und die Freizeit. Die Schwerelosigkeit des Wohlstands mündete in Dekadenz und dem körperlichen Verfall. Als Gegenmittel des Verfalls erfand man die Gymnastik. Gymnastik stoppte den Verfall und offenbarte darüber hinaus ungeahnte Fähigkeiten. Die Verwunderung war groß, als man sah, was bei gezielter Körperforderung erreichbar wäre. Die Sportler überboten einander. Manche Leistungen der Turniere schienen göttlich. Damals wähnte man, die Götter am Olymp, einer Bergspitze, daher die Olympiade als Bezeichnung. Was jedoch der Einzelne erreichte, steckt in jedem als eine Möglichkeit drin. Mensch erkenne dich selbst, finde wozu du fähig bist, schrieb man auf die Eintrittspforten von Gymnasien. Verstanden hat man damals unter Gymnasien etwas anderes als heute und zwar die körperlichen Übungen pur. Die Geisteswissenschaften, auf die man heute die Akzente setzt, dienten als Beilage. Im gesunden Körper ein gesunder Geist – setzte man voraus. Laufen, schwimmen, springen, tanzen, turnen, sich stretchen, Bäder, Diäten, Überlebens- und Extremsportarten erfreuen sich seit dieser Zeit einer steigenden Verbreitung. Die Gegenwart ist ohne Körperkultur undenkbar. Gefühle und Triebe sind ausgenommen. Was man in dieser Richtung tut, kommt nicht über schauspielern und sich darstellen hinaus. Der Grund ist einfach. Der Körperkultur genügt es, ihre Freizeit dem Wettstreit zu widmen. Zur gezielten Pflege des Gefühlslebens müsste man seinen Lebenswandel umkrempeln. Dazu ist man selten bereit. Dabei bedürfen Gefühle und Triebe viel dringender einer Zuwendung als es Zahn-, Haar-, Nagel- oder Körperpflege tun.

Anatomie der Triebe

Wie lenkt man die uns lenkende Triebe, wenn man deren Lenkung unterworfen ist?

Genau wie man seinen Körper lenkt. Triebe und Empfindlichkeiten sind biologisch vorgefertigte Werkzeuge der Zweckmäßigkeit. Ohne deren Kontrolle und gezielter Anpassung ist kein Fortschritt möglich. Überall dort, wo der Mensch über seine biologische Vorbestimmung hinauswächst, muss er sich seinen Empfindungen stellen.

Gefühle, wenn auch überwältigend in der Wirkung, stützen ihre Macht auf einfache Mittel. Die Ehrfurcht vor ihnen, wie vor der Zauberkraft eines Magiers, ist dahin, sobald man einen Blick hinter die Kulissen wagt und herausfindet auf welch primitiven Kniffen die erstaunlichen Effekte beruhen.

Der Vorschuss: Ein wichtiger Bestandteil eines jeden Empfindens ist der emotionale Vorschuss.

Essen tankt Energie. Der Antrieb des Hungers steuert das komplexe Verhalten der Nahrungsaufnahme. Der Hunger kommt allerdings lange vor dem Energiemangel und eine Sättigung bringt keinen unmittelbaren Energiegewinn. Mehr noch nach dem Füllen des Magens beginnt erst die eigentliche Arbeit. Die Nahrung wird verdaut, in Moleküle gespalten, verpackt, an Trägersubstanzen gebunden, über die Blutbahn zu den Endzellen transportiert, aufgenommen, umgewandelt, weiter geschickt. Das alles ist aufwendig, kräfteraubend, muss gedeckt werden. Essen ist, gemessen am Aufwand, kein Vergnügen, sondern zunächst eine schwere Arbeit. Positiv wird die Energie-Bilanz erst Stunden nach der Nahrungsaufnahme. Die Freuden über das Essen und angeblicher Kräftezuwachs setzten aber sofort ein. Wo kommt das Positive her, wenn die Bilanz noch klar negativ bleibt. Die Freuden sind eine emotionale Bestechung der Selbstwahrnehmung, damit diese weiterhin bereitwillig die Mühen auf sich nimmt. Die Mittel zur Bestechung entnimmt der Körper anderen, weniger wichtigen Regungen. Die Reserven werden geplündert, in Gewissheit, die Schulden bald wieder gewinnbringend auffüllen zu können. Trotz Freuden der Sättigung machen sich nach dem Essen generell Schwere und Müdigkeit im Körper breit.

Alle Gefühle sind ähnlich aufgebaut. Sie sind keine Quittungen, sondern Kräfte- und Emotionsvorschüsse auf Erwartungen, die weder eintreffen noch erfüllt werden müssen. Der Mensch erkannte diese zeitliche Abweichung früh, nutzte aber das Wissen darüber eher zu seinem Nachteil. Diogenes onanierte offen vor dem Tempel und wurde von einem Passanten beschämt. „Heuchler!" - entgegnete Diogenes, - „Könntest du Hunger durch Streichen des Bauches stillen, würdest du nichts anderes tun." Diogenes griff der Zeit voraus. Was damals undenkbar war, ist heute allgegenwärtig.

Empfindungen für Geschmack, Form, Geruch, Beschaffenheit dienen in der Biologie zum sich Zurechtfinden. Was ist wichtig, was ist belanglos? Alles lässt sich nicht analysieren. Für vieles gibt es kein Messinstrument. In Ermangelung exakter Analysemöglichkeiten hat das Leben wenige Substanzen mit dem Wert der Produkte assoziiert. Trifft das Lebewesen auf diese, so kann es relativ sicher über den gesamten Inhalt sein, da diese Stoffe nur in den Naturprodukten von bestimmter Beschaffenheit vorkommen. Angenehm oder unangenehm, süß oder bitter steuern dann Lebewesen darauf oder davon.

Die Fortschritte der Chemie ermöglichten es, die Signale von der Beschaffenheit zu lösen und beliebig zusammenzusetzen. Heute stellen wir Produkte her, die besser als die „biologischen" aussehen, riechen, schmecken und sich anfühlen, in Wirklichkeit aber nicht einmal Lebensmittel sind. Der Umstand, dass in Kaufhallen immer noch Genießbares angeboten wird, liegt nicht an der Feinheit unserer Sinne, sondern an den Behörden, die mit aufwendigen Analysen darauf achten, dass Brauchbares ausgelegt und minimalen Anforderungen entspricht.

Die Menschheit hat reichlich Lehrgeld für Austauschprodukte der Empfindungen bezahlt und wurde skeptisch. Skorbut, Beri-Beri, Rachitis, Fett- und Drogensucht basieren auf den Surrogaten des Erscheinens und Wirkens. Epidemien von selfmade Krankheiten befallen die Menschheit regelmäßig und in steigender Häufigkeit seit dem Aufkommen der Industrie. Die gesundheitlichen Unkosten bremsen, halten aber den Siegeszug der Simulationsstoffe nicht auf. Immer mehr Substanzen werden entdeckt und dem Alltag zugefügt. Immer breiter wird die Liste der Simulatoren, immer unüberschaubarer und verwickelter die Folgen. Käufer wie Hersteller sind in dem Streben zum Angenehmen vereint. Nicht nur Lebensmittel sind betroffen. Hologramme, Ton, Bild kommen der Realitätserscheinung immer näher und machen selbst die Wahrnehmungen frei wählbar. Das Virtuelle verdrängt zunehmend das Tatsächliche aus dem Alltag. Eine merkwürdige Situation entsteht. Triebe sollen unser Wollen auf die Merkmale des biologisch Wertvollen lenken. Unser Können ist jedoch frei darüber zu bestimmen, was sich süß, wohlriechend, sanft, sexy oder bunt präsentiert, gelöst von jedem Wert. Dort, wo alles möglich ist, ist nichts wirklich und schon gar nicht nützlich. Die Folgen davon sind Selbstbefriedigung und Sucht: Essen ohne Hunger, Arbeit ohne Ziel, Reden ohne Mitteilungsbedürfnis, Lesen ohne Neugier, Lust ohne Freuden, Rausch ohne Erfolg, Sex ohne Liebe. Selbstbefriedigung ist Verzicht auf das Erlebnis zu Gunsten der Imitation. Sucht ist die Unfähigkeit auf die Imitation zu verzichten.

Empfindungen lassen sich simulieren, deren Sinn nicht. Man kann über den Sinn in jedem einzelnen Fall streiten, doch besteht dieser in der schlichten Forderung, dass jede unserer Handlungen einen Schritt zur Vervollkommnung sein soll und nicht umgekehrt. Folgt man dem richtigen Weg, so werden Empfindungen tiefer und differenzierter, kommt man von dem Pfad ab, verfallen die emotionalen Vorauszahlungen der Reize.

Warum greift man zur Imitation auch dann, wenn man ihre Leere erkennt? Der Vorschüsse des Angenehmen wegen. Mit anderen Worten, weil es Freude macht. Vorschüsse, denen keine Gewinne folgen, zerstören sich selbst. Mancher Verfall geht schneller, anderer langsamer. Die ausbleibende Erfüllung macht Wiedersehensfreuden schal, kehrt sich in Abstoßen um. Theoretisch müsste man sich irgendwann davon abwenden. Automatisch ist leider nichts. Ja, man verlässt Reize, die keine Freuden mehr bringen, bleibt aber bei der Ausrichtung. Die Biologie bietet hierfür zu viele genehme Dränge. Gleich wie ausgelaugt man auch ist, meist bleiben immer noch eine paar Regungen übrig, deren Vorschüsse intakt sind. Auf der Jagd danach wird alles ausprobiert, was die biologische Evolution zur Motivation je zu bieten hatte: Masochismus, Sadismus, Pädo- und Nekrophilie – Hauptsache vom Individuum noch nicht benutzt und nicht verbraucht. Süße, schwärmerische, romantische und mitfühlende Jugendliche entwickeln sich zu Monstern. Was der junge, sich entfaltende Körper für eine abstoßende Perversion hält (er hat reichlich Besseres zum Auskosten), nutzt die Selbstbefriedigung zur emotionalen Anregung der erschlaffenden Körperlichkeit. Da all das schrumpft, was noch einen

Reiz allein des Anreizes wegen darstellt und nichts im Erfolg mündet, ist der Wandel von schwärmerischer Verträumtheit zu Ekel erregender Grausamkeit vorgezeichnet.

Glücklicherweise brauchen solche Transformationen besondere Umstände und anhaltende Straflosigkeit, sonst wären wir Jack the Ripper oder Henry Howard Holmes öfter begegnet.

Das Leben von Baron de Rais ist detailliert dokumentiert. Ein empfindsamer Junge, Theater-, Kunst- und Buchliebhaber mit gesteigertem Gefühl für Gerechtigkeit, Wegbegleiter und Kampfgenosse von Jeanne d`Arc, der über ihren Tod auf dem Scheiterhaufen tief erschüttert war, entwickelte sich nach dem Rückzug in sein Schloss zum realen Protagonisten des Blaubarts (einer Figur des Gruselmärchens), der Schönheit und Entzücken in dem qualvollen Töten junger Menschen fand. Eine solche Umwandlung wurde auch Kaiser Nero zugeschrieben, allerdings sind die Zeugnisse und Dokumente darüber durch politische Interessen verzerrt und weniger glaubwürdig.

Die Raffgier: Sie haben so viele Kühlschränke gewonnen, wie sie wegtragen können. Nun aber ohne Ironie. Der Gehalt an leicht verdaulichen, energiebeladenen Zuckern und Fetten dient dem Körper als Maß der Reife und Vollwertigkeit von Lebensmittel. Produkte mit höheren Zucker und Fettgehalt werden begehrt. Vitamine, Mineralien und übrige Wertstoffe sind vorausgesetzt. Obwohl Vitamine lebensnotwendig sind, wird ihre Anwesenheit im Essbaren von der Körperlichkeit nicht weiter beachtet. Rezeptoren und Empfindungen fehlen hierfür. Sie wurden nicht entwickelt da aufwendig und weil Vitamine normalerweise stetige Begleiter von fett- und zuckerhaltigen Produkten sind.

Ballaststoffe sind für die Verwertung von niedrigem Wert. Die Wahrnehmung ihrer Gesamtmenge wird dennoch aus folgendem Grund angestrebt. Zucker, Fett, Alkohol sind spärlich, schwerverdauliche Energieträger und Ballaststoffe gleichmäßig bis reichlich in den Nahrungsmitteln verteilt. Die ersten symbolisieren Freuden, die letzten die Lasten für die Verdauung. Ihr Zusammenspiel ist entscheidend. Der Hunger ist auf Zucker und Fett orientiert. Die Sättigung zählt schwer verdauliche Stoffe, damit der Vorgang der Verdauung nicht überlastet wird.

Die Zugabe von Zucker, Fett und Alkohol zu den Lebensmitteln steigert die Freuden über das übliche Maß hinaus, bringt jedoch keinen

Gewinn im Hinblick auf Vitamine und Spurenelemente und verhindert eine Sättigung, da Ballaststoffe fehlen. Eine Kuh in einem Weizen- oder Haferfeld frisst sich tot und kann sich dennoch nicht satt essen. Ähnlich ist es mit jedem Streben. In der Wildbahn stößt jede Besitzerweiterung an die Grenzen der Belastbarkeit und der Verwertbarkeit. Die Wirkung der Reize wird durch Gegengewichte der Sättigung ausgeglichen. Das Treiben hört auf, man hat genug. Die Zivilisation trennt den Besitz von dem Aufwand des Ergreifens bzw. Erhaltens und eliminiert biologische Sperren zum Abschluss des Triebes. Raffgier ist eine solche Überreizung des Genusses und des Besitzstrebens jenseits jeder Zweckmäßigkeit, die zur Verarmung an dem Eigentlichen führt, jedoch keine Sättigung und Befriedigung findet.

Versuchungen: Der Zauberer materialisierte sich aus dem Nichts und sagte: Ich werde drei deiner Wünsche erfüllen, wenn du eine Minute lang nicht an ein Krokodil denkst. Die Zeit verging, der Zauberer löste sich hämisch lächelnd in Luft auf.

Versuchung ist ein großartiges Versprechen, das an Bedingungen geknüpft ist, die nicht erfüllbar sind, obwohl sie bestechend leicht erscheinen. Oft erkennt man die Vergeblichkeit. Warum fällt es dennoch so schwer, den Versuchungen zu widerstehen?

Noch vor wenigen Minuten war man dem Sinnvollen zugetan, dann taucht eine Versuchung auf. Man glaubt im Vorbeigehen eine Tür in der Mauer kurz aufspringen zu sehen, die den Garten Eden zeigt. Geht man weiter, wie soll man erfahren, was hinter der Wand liegt?

Als ein Schüler Sokrates fragte, ob er heiraten oder philosophieren lernen sollte, heirate, erwiderte Sokrates, denn heiratest du oder nicht, bereuen wirst du es in jedem Fall. Dann setzte er nachdenklich hinzu: Triffst du eine gute Frau, wirst du glücklich, trifft du eine schlechte, so wirst du ohne dies Philosoph, wer weiß schon, was das Bessere wäre.

Das Testen der Reize im Vorfeld hilft gegen das Überrumpeln, reicht jedoch für die Standhaftigkeit nicht aus. Man muss lernen ihrer aufputschend berauschenden Wirkung zu widerstehen, am besten indem man dem Selbstbetrug etwas Besseres, den Erfolg gegenüberstellt für den ursprünglich die Sinne programmiert wurden.

Die Aufputschmittel: Der einst verbrannte Verstand rät die Enttäuschung zu meiden. Die Sinne flüstern: Eine Kostprobe, ein Abstecher, eine Ablenkung können wohl kaum schaden! Geht man jedoch auf die

Versuchung ein, kostet man von den „verbotenen" Reizen, so wird man mit körperlichen Regungen überflutet, die die abstrakten Vorsätze verdrängen. Dem Gedachten steht nunmehr der reale emotionale Vorschuss des Triebes gegenüber. Hormone, Mediatoren werden freigesetzt. Die Schale auf der Entscheidungswaage sinkt. Das Sinnliche überwiegt das Denkbare. Die Wahl zwischen dem Richtigen und Angenehmen wird schwer und erst wieder unbefangen, wenn die mitreißende Wirkung der Sinnlichkeit verfliegt.

Der angetrunkene Alkoholiker ist voller Reue, wenn er die Folgen seiner Sucht betrachtet. Er rennt die Türen von Krankrenhäuser ein, fleht um Hilfe. Seine Aufrichtigkeit ist echt, genau wie seine Entschlossenheit, sich von der Sucht zu lösen. Nach Wochen des Entzugs, sobald der Abstand zu dem Stoff mühevoll erreicht ist, und das Leben sich zu normalisieren beginnt, trifft er auf einen Anlass. Eine leise Stimme flüstert im Vorgeschmack des Rausches: „schau, die anderen nehmen das Zeug ohne Gefahr, du bist doch längst aus deiner Sucht heraus. Was ist schon dabei, wenn man sich eine Kleinigkeit genehmigt?"

Ein Schluck – und alles ist hin. Die Aufputschung setzt ein, betäubt die Sinne und trübt das Urteil. Ist der Verstand schwach, wird er gleichsam fortgefegt.

Die Aufputschmittel nutzen den Auftrieb starker Dränge, um das Nörgeln schwächerer zum Schweigen zu bringen. Je stärker der Trieb desto unverwundbarer fühlt man sich in seinem Schatten. Menschen im Schock vollbringen Undenkbares. Die Mutter hebt das Auto unter dem ihr Kind liegt, Helden spüren auf der Höhe ihres Einsatzes weder Kälte noch Schmerz. Die Eintracht ist erzwungen. Der Rausch gibt keine zusätzlichen Kräfte, sondern verteilt bestehende um. Der Raucher, der sein Wohlbefinden mit der Zigarette steigert, der Fresssack, der dasselbe mit einem Sahnetörtchen tut, denkt nicht unmittelbar an die keuchende Lunge bzw. die schmerzende Bauchspeicheldrüse. Der Siegesrausch hebt ihn über die Meldungen einzelner Organe ab, peitsch an, trägt auf der Euphorie-Welle fort.

Alles hat seinen Preis. Die Schulden summieren sich und gehen in Schäden über. Das Aufputschen beseitigt die Probleme nicht, es verschiebt diese. Sich abgeschlagen, gelangweilt oder gar schlecht zu fühlen mag unangenehm sein – es ist ehrlich, weist uns auf die bestehenden Gebrechen und Grenzen hin und hilft zugleich darüber hinauszuwachsen.

Flieht nicht vor dem Schlechtsein, klammert es nicht aus, im Gegenteil nutzt es, lebt es aus, um stärker zu werden. Das Hoch des Rausches zeugt nicht von Kraft, sondern von der Geschwindigkeit mit der die Kräfte verfallen. Je greller dieses auflodert, desto weniger bleibt übrig. Messt euch an den tatsächlichen Freuden des Erfolges und nicht an denen des Rausches, lernt es, das eine von dem anderen zu unterscheiden.

Ungeduld: Der Körper hat jeweils multiple Aufgaben zu lösen. Man kann ohne größere Nachteile das Atmen anhalten, den Schlaf hinausschieben, das Trinken einstellen, aber eben nur für eine begrenzte, jedem Trieb eigene Zeit. Ungeduld passt auf, dass diese Zeit nicht überschritten wird. Je länger der Trieb dauert, ohne die Zielvorgaben zu treffen, desto greller die Ungeduld. Mit dem Überschreiten des Unbedenklichkeitsfensters melden sich Ungemach und Schmerz und weisen darauf hin, dass die eingehenden Schulden in Verluste übergehen. Aufhören würde bedeuten, dass bisherige Mühen sinnlos waren. Um vermeintlich größere Verluste zu vermeiden, führt die Ungeduld paradoxerweise zur Verkrampfung statt zur Abkühlung, zu fanatischem auf hier und sofort ausgerichtetem Aufbäumen. Ein Kollaps, Enttäuschung und langsamer vorsichtiger Neuanfang sind die Folge. Und wozu? Jedes Hindernis lässt sich auf Umwegen überwinden.

Ekstase: Der Streit des Rausches mit der Ungeduld geht an die Substanz, kann nicht unendlich gehen. Bei dem Misslingen des Triebes ist eine Enttäuschung erzieherisch erwünscht. Im Fall des Sieges wäre diese verheerend. Die Ekstase wirkt dem entgegen. Die Verzückung verbraucht alle für die konkurrierenden Triebe noch verbleibenden Reserven, damit nach dem Abschluss keine von diesen Kraft zum Nörgeln haben. Der Wille klinkt sich aus, der Körper wird in eine Narkose der angenehmen Schwere versenkt. Die langsame Wiederherstellung beginnt. Menschen kennen diese auspowernden Effekte der Ekstase und verfolgen ihre Unternehmungen bis zum Umfallen, um sich ein wenig Ruhe zu verschaffen.

Das Medizin

Wie sehr man sich auch vorsieht und die guten Vorsätze pflegt, es ist nicht zu vermeiden, dass man versehentlich einen Biss in den „Apfel" der Versuchung tut und spürt, wie das betörende Gift seinen Weg durch den Körper findet, sich ausbreitet und den Willen lähmt. Bei der Versuchung ist das Angenehme schon da und lockt, das Sinnvolle aber liegt in der Ferne und greift nicht. Was lässt sich tun?

Man kann die Dränge gegeneinander ausspielen. In vielen Fällen helfen schon einfaches Kneifen, ein tiefer Atemzug oder Schluck Wasser, eine anderweitige Beschäftigung. Denn die Verlockung hat nichts eigenes und lässt nach, sobald ihr die zufließende Mittel abgezweigt werden. Noch hilfreicher ist ein Ausblick, der den Willen über die unmittelbaren Verwicklungen erhebt und auf positive Perspektiven der Ferne lenkt.

Seit es Werbung und deren Handlanger, die Nachrichten gibt, erreichen uns Versuchungen überall und jederzeit, umkreisen uns in einem wilden, farbenreichen Tanz. Im Strudel der Reize verliert man leicht vernünftige Ziele aus den Augen. Dagegen hilft ein einfacher Trick, der seit der Steinzeit seine Wirksamkeit zeigt. Legt euch Symbole zu, die eure Visionen heranzoomen. Verteilt diese Symbole so um euch, dass diese bei Bedrängnis stets zu Hand sind. Lacht nicht über Steinzeitmenschen, die Megalithen in Sichtweite aufstellten, oder über Mönche mit ihren klobigen Kreuzen an Kirchtürmen, Wänden und Halsketten. Ein kurzer Blick, ein Anfassen genügten ihnen, um in Verbindung mit dem Schöpfer zu treten und den richtigen Abstand zu den Ereignissen zu schaffen. Macht es ihnen nach, wählt euch Zeichen, die euch an das Eigentliche erinnern, lasst eure Sehnsüchte wie Leuchttürme erstrahlen. Einprägsam müssen diese Zeichen sein, von überall sichtbar oder mitnehmbar. Und fehlen diese, dann genügt zur Not ein Spruch, ein Vierzeiler oder ein Gesang. Half früher ein Gebet hierfür? – Durchaus! Ohne Halt ist man halt haltlos.

Was aber wenn der Kopf so eingenommen ist, dass jegliche Valenzen für die Entscheidung fehlen? Dann hilft eine banale Unterbrechung. Eine Pause ist inzwischen bei allen Spielcasinos Vorschrift. Entzug ist eine längere Pause.

Die Ungeduld widerspricht. Wie kann man gerade jetzt in der Entscheidungsstunde einen Halt machen! Das Gutgemeinte der Ungeduld ist vorgespielt. Ihre Wichtigtuerei ist verlogen. Der Drang gibt aus. Die Pause sammelt ein. Habt keine Angst, eine Pause einzulegen und lernt, jede Pause zu genießen, die euch das Leben schenkt. Zurückhaltung ist eine Vorbedingung für die Entschlossenheit. Eine einfache und wirksame Regel sagt, fange nichts an und schließe nichts ab, ohne vorher eine Pause einzulegen. Ein Mahler macht ein Schritt zurück vor der Leinwand, ein Architekt vor der Projektskizze. Ein Blick auf das Entworfene, kurzes Nachdenken ergeben neue Perspektiven. Pausen sind alles andere als eine verlorene Zeit und schon gar nicht sind diese ein Stillstand.

Ich glaube es war Galileo, der zuerst den Relativitätsgedanken in die Physik einführte und keinen Unterschied zwischen der gleichmäßigen Bewegung und dem Ruhezustand machte. Körperliches Arbeiten und Stillhalten haben ebenfalls nicht so sehr mit der Agilität, wie mit deren Kontrolle zu tun. Jedes anhaltende Verharren, ob im Stillstand oder in einer Bewegung, ist anstrengend.

Auf einer Party tut man nichts, sitzt ausgestreckt oder steht bequem angelehnt an der Bar, atmet ruhig, nippt genüsslich an dem Cocktail, hört unbeteiligt Menschenstimmen pulsieren, lächelt hin und wieder einem Bekannten zu. Ein Wort da, eine Handbewegung hier und doch wird man regelrecht zermahlen. Wie ungleich schwerer ist es, ein Auto zu fahren oder einen Betrieb zu lenken. Wenige Blicke, lässige Drehungen des Lenkrads, Druck aufs Gaspedal, Anweisungen ans Personal, damit die Maschinerie springt und die „eigentliche" Arbeit macht. Jegliche körperliche Anstrengung fehlt und dennoch bricht man bald erschöpft zusammen.

Die Bindung der Aufmerksamkeit durch Reize zermürbt entsprechend der hierzu erforderlichen Konzentration. Es ist eine Sache, in einem Raum Lichthasen einer rotierenden Discokugel zu betrachten, etwas anderes ist es zu wissen, dass einer der Leuchtpunkte aus dem Zielgerät eines Scharfschützen kommt. Die Notwendigkeit, diese zu unterscheiden, um in der Not blitzschnell zu reagieren, frisst in Kürze alle Körperkräfte auf, noch bevor man überhaupt etwas macht. Nicht die Aufmerksamkeit ermüdet, sondern die Kräfteanstrengung die erforderlich ist, alle außer einer einzigen Regung zu unterbinden. Nicht die Anstrengung macht platt, sondern das Fehlen der Alternativen. Vergesst nicht, Sturheit und Verbissenheit sind bloß weitere Triebe, die einer Ausweglosigkeit durch beharrliches Stemmen gegen das Undurchdringliche entkommen wollen. Lasst euch nicht darauf ein. Sobald die Mühen keinen angemessenen Effekt zeigen, wechselt die Richtung des Schlags. Verschoben ist nicht aufgehoben. Die Abwechslung, statt etwas fallen zu lassen, stillzuhalten oder sich festzufahren, gewährt Abstand durch verfolgen andersartiger paralleler Betätigungen. Man bewegt sich weiterhin rege auf das Vorgenommene hin aber wechselt die Themen, geistige und körperliche Arbeiten ab. Die Aufgaben und Ziele so zu verteilen, dass man jeweils an dem Wichtigen arbeitet, ohne sich in den Bereich der Ermüdung zu begeben, ist eine erlernbare Kunst. Erholung ist bloß eine andere Art von Betätigung. Erholt sein ist nicht mit der begleitenden Stimmung zu verwechseln. Man kann sich schlecht fühlen und dennoch voller Kraft sein und umgekehrt. Mitunter ist man matt, will eine Aufmunterung, um die Situation zu forcieren, hierzu wendet man sich an die Tätigkeiten, die ob sinnvoll oder nicht, gerade eine Hochstimmung versprechen. Solche Forcierung geht selten gut. Die Verluste sind bei weitem größer als jeder Stimmungsgewinn. Man verliert das Ziel aus den Augen, verbraucht umsonst die verbleibenden Kräfte, bleibt auf dem Unerledigten sitzen. Nicht die Stimmung zählt, die die Betätigung begleitet, sondern Freuden, die das Resultat der Unternehmungen krönen. In diesem Zusammenhang können das Fasten, sich körperlich wie geistig anstrengen, und sogar Angst- und Schmerzüberwindung beglückend sein. Schmerz, Angst und Druck sind nicht furchtbar an sich, genau wie Freuden nicht erfreulich von sich aus sind, sie sind Unkosten des Glücklichseins. Leiden weisen uns auf den Abstand der Belastbarkeit hin. Die Überwindung hilft den Sicherheitsabstand zu vergrößern. Je mehr wir ertragen können ohne Schaden zu nehmen, desto größer der Sicherheitsabstand aus dem wir handeln. Der kontinuierliche Ausbau des Sicherheitsabstands von den Empfindungen des Körpers gegenüber der Umwelt, deren Umstände und Mitbewohner bringt Eigenständigkeit. Hierzu bedarf es Übung in Selbstkontrolle, wie übrigens bei jeder körperlichen Aktivität. Entscheidend ist dabei nicht die Schneidigkeit des Drangs und die Länge des Widerstands, sondern deren Berechtigung. Ist der Drang berechtigt, so muss man klären, wie man diesem am besten zur Geltung verhilft, ohne den Rest zu gefährden. Ist die Blase voll, der Darm im Aufruhr mit Durchfall, so nutzen keine Willensanstrengungen. Kommt eine Inkontinenz dazu wird die

Lage noch schwerer. Es ist jedoch erstaunlich wie schnell die Patienten einen Weg finden, mit dem Ungemach zurechtzukommen. Sie studieren im Voraus die zu begehenden Routen, planen Raststellen ein, sie halten sich vor der Reise mit Essen und Trinken zurück, nehmen passende Wäsche und Utensilien zum Saubermachen mit.

Die ärztliche Kunst hilft ihnen, versorgt mit Pflegemittel, korrigiert die Anatomie durch Chirurgie. Damit der chirurgische Eingriff reibungslos abläuft schaltet die Anästhesie vor der Operation die lebenswichtigen Dränge Schmerzempfindung und Reflexe, Atmung, Kreislaufregulation etc. vorübergehend ab und übernimmt die Kontrolle bis die Korrektur erreicht ist. Der Organismus verhält sich ähnlich dem überforderten Bewusstsein, der Wahrnehmung und dem Körper gegenüber, und versenkt diese in Schlaf.

Schlaf: Wer hätte sich nicht gewünscht, weniger zu schlafen und dennoch fit und munter voranzuschreiten? Schon als Kleinkinder wehren wir uns gegen das Schlafen-Müssen - wo es doch gerade so spannend ist - und scheitern kläglich. Der Traum vom Wachsein, von der Klarsicht, der Leichtigkeit des Erfassens und Begreifens - was tut man nicht alles dafür: aufstehen und laufen, sich kneifen und an den Haaren ziehen, starken Kaffee trinken, Amphetamin nehmen. Allein das alles nützt nichts, die Ermüdung, der Schlaf fordern ihren Zoll und dann auch mit den Zinseszinsen. Was macht den Schlaf so unentbehrlich?

Am Domino-Day löst das Umkippen weniger Dominosteine Kettenreaktionen von bezaubernder Schönheit aus. Das Aufstellen der Steine dauert Tage, manchmal Monate und ist für den Betrachter nicht sichtbar. Das Prinzip ist universell und ermöglicht dem Leben, Schnelligkeit, Kraft und Ausdauer vorzuführen, wo es lediglich über langsame Prozesse der Akkumulation verfügt. Die Muskelfasern lassen nur deswegen schnelle Kontraktionen hintereinander zu, weil diesen ein langsames Aufladen der Myosin-Aktinfilamente vorausgegangen ist. Die Nervenendungen können nur deswegen Neurotransmitter ausschütten, weil diese davor in Granula angereichert wurden. Jedem Agieren geht eine längere Periode des Aufbaus voraus. Solange die Sprungfedern aufgezogen sind, glaubt man sich unkaputtbar. Sind die Kapazitäten leer, fällt man aus allen Wolken. Eine Graduierung gibt es nicht. Man wundert sich, wieso am Anfang alles leicht gelingt, dann immer schwerer und schließlich innerhalb weniger Augenblicke unmöglich wird? Nichts hilft dagegen, gleich wie sehr man seinen Willen anspannt und sich dagegen auflehnt.

Schlaf baut mühevoll auf, was am Tage verschossen wird. Wir setzen den Schlaf mit Schwäche, Nachlassen der Konzentration und Kraft gleich, betrachten ihn abwertend als eine verschwendete Zeit des Nichtstuns. Der Umstand, dass wir im Schlaf nichts merken, täuscht über den wahren Aufwand der Arbeit während des Schlafs. Womöglich ist der Schlaf die Zeit der maximalen Konzentration und Anstrengung des Körpers.

Beim Wachsein blitzen unzählige flüchtige Reize und widerstrebende Regungen permanent auf, dennoch erledigen wir unsere Aufgaben irgendwie und kommen zurecht. Beim Einschlafen müssen wir dagegen alle Ablenkungen meiden. Selbst die gedämpften Geräusche im Hof oder in der Nachbarwohnung, das Summen der Heizung, Tropfen eines Wasserhahns, ein noch zu schreibender belangloser Brief, eine nicht überwiesene Rechnung, die Nachwirkung eines missglückten Gesprächs, stören, lassen das Einschlafen nicht zu. Zwar hilft die Ermüdung beim Einschlafen. Bei Krach, Explosionen, hellem Licht können wir in Schlaf fallen. Das Durchschlafen wird uns dabei dennoch nicht gelingen. Die ablenkende Wirkung des Krachs und der Ungemütlichkeit wird uns vorzeitig zurückbeordern und in einem Halbschlaf irgendwo zwischen Realität und Traum belassen - ein Zustand den man bei Obdachlosen mit dem Wort Penner bildhaft beschreibt.

Wozu diese Abschirmung, welche die gesamte Aufmerksamkeit beansprucht und keine andere Ablenkung neben sich zulässt? Warum kann man nicht wach sein und sich dennoch erholen?

Thales von Milet (585 AC) soll einmal bei Betrachtung der Sterne in einen Brunnen gefallen sein. Seine Magd verhöhnte ihn darauf, weil er zu wissen begehre, was im Himmel vorgehe, und das Loch vor seine Nase übersieht. Ist die Geschichte zugleich eine Erklärung dafür, warum der Schlaf so störanfällig ist? Tiefes Denken, effektives Arbeiten erfordern eine Bündelung der Kräfte. Alles Überflüssige wird abgeschaltet. Die Aufmerksamkeit lässt außer der Aufgabe nichts zu. Gewöhnung hilft nach einer Weile das Brummen der Heizung, den Windzug vorm Fenster, die Erbsen unter der Matratze zu ignorieren. Der Umstand, dass man keinen Schaden nimmt, beweist die Nichtigkeit dieser Ablenkungen. Nach einer Weile schlafen wir in einem Bett, das wir davor als unbequem empfanden, überhören das Schnarchen unseres Partners, an den wir uns bei Kälte anschmiegen und beachten selbst den Donner der Kanonen nicht sonderlich, sobald wir den Bunker oder die Erdspalte erreicht haben.

Die Gewöhnung braucht Zeit. Die Beschauung ist schneller. Bevor man sich zu Bett begibt, sollte man daher kurz abwägen, was wichtig ist und was nicht, und wie man seine Nachtruhe schützt. Seid nicht hochnäsig dem Schlaf gegenüber. Schlaf ist eine der wichtigsten Beschäftigungen überhaupt.

Versinnlichung des Sinns

Der Geist ist willig, aber das Fleisch ist schwach.

Dummer Spruch, der allerdings unsere Zeit trefflich widerspiegelt!

Man folgt den Trieben statt Absichten, landet im Dickicht zerkratzt und angeschlagen, wundert sich anschließend, dass es anders kommt, als ursprünglich gewollt und schiebt alles auf die Falschheit der Triebe. Sancta simplicitas! Wie könnte es anders kommen, wenn man auf der Jagd nach Angenehmen und Leichtem die eigentlichen Absichten erst gar nicht angeht? Von Alleine wird nichts geboren, jedoch vieles vergeht. Nicht die Triebe sind falsch, sondern deren absichtliche Täuschung zwecks Selbstbefriedigung.

Erkennen wir, wenn es um eine reine Selbstbefriedigung jenseits von jedem Sinn geht? Ja. Tun wir was dagegen? Nur wenn die Umstände uns die negativen Folgen vor Augen führen. Bei Straflosigkeit ist es nicht der Fall. Mit der wachsenden „Freiheit" des Menschen vor den unmittelbaren Folgen, wächst der Anteil an Selbstbefriedigung in dem menschlichen Tun. Die Folgen werden dabei nicht aufgehoben, sondern nach später verschoben und addiert. Man verbraucht sich unnütz. Nur die verdienten Freuden sind wahre Freuden. Nur diese allein bergen eine unerschöpfliche Quelle der Lebenskraft und der Vervollkommnung. Selbstverblendung ist wie jeder Betrug nie eine Alternative, nie ein Gewinn oder eine Erlösung. Das Menschwerden in dem wahren, dem höchsten Sinne besteht in dem Erlernen des richtigen Umgangs mit der Sinnlichkeit, Entdeckung seiner eigentlichen Berufung und des Sinns.

Die Mechanik der Triebe ist komplex. Alles wird man nie besprechen können. Was bleibt als Quintessenz ihrer Beschauung zurück? Jetzt, wo wir wissen, dass die emotionalen Vorschüsse rückwirkend, die Vitalisierung vorgetäuscht und die Ekstase auspowernd sind, heißt es, wir sollen auf Emotionen wie Begeisterung, Selbstvergessenheit bei der Arbeit, Freuden und Ekstase verzichten, stattdessen, bei allem was wir tun, kaltblütig und emotionslos bleiben?

Im Gegenteil!

Das Wissen darüber, dass es optische, physikalische und andere Illusionen geben kann, ist kein Grund, auf das Sehen und Hören zu verzichten, sondern Anlass, genauer zu schauen und die Wahrnehmung durch Erfahrung zu verfeinern. Nicht anders ist es mit den Gefühlen. Das Ziel ist, diese immer weiter auszubauen, ohne in die Stricke der Versuchungen, Sinnestäuschungen und Selbstbefriedigungssucht in deren unzählige Variationen zu geraten. Sinnlichkeit soll etwas Abwertendes sein? Nein, nur der Umgang damit. Sinnlichkeit ist das Teuerste von dem, was wir vom Leben haben. Ohne Triebe sind wir verloren. Das sieht man besonders an Patienten mit Depressionen und Antriebslosigkeit. Nichts rüttelt sie auf, nichts interessiert sie, am nichts nehmen sie teil.

Triebe bringen uns ins Bett und wecken uns, halten uns aufgeschlossen, geben uns Ausdauer, feuern an, interessiert etwas zu verfolgen, und natürlich warnen sie uns, wenn etwas anders läuft als man es sich einbildet. Sie stehen helfend allen unseren Unternehmungen zur Seite, man muss sie nur lenken.

Lenken?

Triebe sind dazu da, um zu befehlen. Ihre Weisungen sind taub gegenüber jeglichen Beschwichtigungen.

Ja?

Wie kommt es dann, dass sich jeweils andere Triebe unser bemächtigen? Wer, was und wie bringt diese hierzu? Gewiss die Unnachgiebigkeit ist das Markenzeichen der Triebe, sie lassen sich durch fremde Argumente nicht überreden. Genauso wie der Kühlschrank, eine Waschmaschine, eine Kreissäge, ein Hammer es nicht tun. Triebe sind vorgefertigte auf bestimmte Ziele ausgerichtete Automaten. Ihr Einspringen und eine Führungsübernahme sind nicht zufällig. Die Vielheit biologischer Triebe ist hierarchisch entsprechend ihrer bisherigen

Bedeutung geordnet. Wird die oberste Führung den Vorgaben der Bedeutung nicht gerecht, so schalten sich die jeweils tieferen, urigeren Triebe ein und legen eine Kurskorrektur nah. Der stärkere (der geschichtlich bedeutendere in dem jeweiligen Kontext) Trieb unterwirft den schwächeren. Seine Unnachgiebigkeit hilft ihm dabei.

Sich gegen Triebe zu wenden ist eine pure Kräftevergeudung. Jedem seinen Platz zu finden ist die Aufgabe. Triebe werden nur gnatzig, wenn man diese verschmäht. Sagt die Situation, diese wären angemessen und erweckt den Triebautomatismus, man missachtet aber die Vorzeichen, dann sucht der Trieb sich, selbstständig einzubringen, folgt seiner engen Vorbestimmung jenseits des gesamten Kontextes, was meistens Schäden zufolge hat. Der winzige Fehlbeitrag kann dabei schwere Folgen haben. Schließlich genügen eine einzige pipsige Stimme im Chor, ein durchgehend falscher Ton im Orchester, um das großartige Werk des Komponisten im Ganzen zu vernichten. Hat man jedoch ein Ziel, eine Vision einen Traum, stellt man einzelne Triebe diesen unter, weist jedem einen gebührenden Platz zu, dann können die einzelne Triebe nicht ausscheren und werden zum Motor des Strebens. Man muss sie nicht zwingen, sie reißen sich darum, tun alles freiwillig, sind bereit, sich wenn nötig aufzuopfern.

Saint-Exupéry beschreibt auf eine schöne wie eindrückliche Weise, wie ein erschöpfter Körper des gestrandeten Fliegers in der Wüste, eine winzige Bewegung nach der anderen ausführt und dann doch in sich Kräfte und den Willen findet, um Aufzustehen und den wüsten Todesstreifen zu überwinden. Jeder kann sich auf ähnliche Erlebnisse besinnen. Unser ganzes Leben ist im Grunde ein Tasten in Tippelschritten aus dem Sklavendasein nach vorn. Geduld ist die Fähigkeit mit dem Ziel vor Augen auf den Augenblick hinzu arbeiten, bei dem die Befriedigung jedes Triebes erfolgt.

Passend müssen die Ziele sein und vor allem aufrichtig. Jede Falschheit führt automatisch dazu, dass die alternativen Regungen in die Lücke Einspringen und die Leere ausfüllen. Triebe spüren körperlich jeden Selbstbetrug (sitzen sie doch tief im Inneren und wachen über jede Empfindung). Gaukelt man ihnen nur etwas vor, statt etwas Besseres anzustreben, dann helfen keine Beteuerungen, keine Ausflüchte. Deswegen seht zu. Was immer ihr auch tut, macht es richtig. Bleibt bei der Sache, in der Arbeit, den Ruhestunden, bei Freuden und Siegesaugenblicken. Dann können euch die Triebe nichts vorschreiben. Sie alle ordnen sich dem Streben unter und suchen sich angemessen zu beweisen. Seid leidenschaftlich. Meidet das Langweilige sofern es nicht ein Teil des Großartigen ist. Denkt, fühlt, lebt groß. Freuden sind Etappensiege. Die Leidenschaft schafft Zweifel und Leiden der unentschlossenen Triebe ab, stellt alles am Körper zu Diensten: Gene, Zellen, Organe selbst deren Fehler, Falten, Arthrosen und Schmerzen. Gebt euch euren Zielen hin, wagt und seid dreist bei allem was ihr erstrebt. Der Erfolg wird folgen.

Teil VIII

Das so Un- und Verzichtbare

Das Leben vieler Menschen wäre glücklich, könnten sie nur ihr Glück ausleben. Stattdessen werden sie von Neid, Ängsten, Hass und Sorgen gelenkt, von der Vorstellung gepeinigt, dass sie zum Fest des Lebens womöglich zu spät kommen, bei der Verteilung den Kürzeren ziehen und das Zugefallene nicht behalten. Die anderen haben mehr, wo bleibt denn unser Anteil davon? Wie ungerecht!

Man hätte diesen Menschen gern geholfen, kann es aber nicht. Jemand würde nicht zu dem Fest des Lebens eingeladen? Was für ein Unsinn! Jeder ist stets mittendrin, nur nicht jeder nimmt daran teil. Was hindert nun Menschen, sich einzubringen?

Neid: einfache Vermehrung erfordert Chancengleichheit. Jedes Virus, jedes Bakterium muss nach der Aufteilung gleich sein, um den Bestand einer Art zu sichern. Neid hilft ihnen bei der Gleichteilung und ist einer der ureigensten, aber auch der primitivsten Instinkte. Je höher die Entwicklungsstufe, desto geringer die Bedeutung des Neids. Die Kultur gibt dem Menschen viel mehr als den individuellen Erbanteil - das Bewusstsein, die soziale Umgebung und Erfahrung. Dennoch steckt das Streben zur simplen Gleichstellung in jedem von uns gemäß der Dauer bestimmter Stadien unserer Abstammung. Dabei bietet Neid nur das Mindeste zur Sicherung einer Existenz und stört, wenn man sich nach dem Höheren ausstreckt. Um Neid ist fürwahr niemand zu beneiden.

Ärger: *Die Freude flieht auf allen Wegen sobald der Ärger kommt entgegen.* Wie wahr. Ärger, Unmut, Zorn sind Strafmaßnahmen. Anfeindung und Verachtung statuieren ein Exempel: „Auge um Auge, Zahn um Zahn". Der Verursacher soll künftig Abstand halten. Fehlt der Verursacher, fehlt der Ärger. Man regt sich nicht über Naturkatastrophen auf. Wobei es auch da Ausnahmen gibt. So ließ Darius das Meer auspeitschen, das die Brücke seiner Invasionsarmee zerstörte.

Die Erfüllung des Ärgers bringt Schadenfreude, unerfüllter Ärger zeugt

Verdruss. Der Verdruss hinterlässt im Gedächtnis schmerzliche Narben, die bei erneuter Begegnung mit dem Verursacher aufgehen und auf Abstand drängen. Wir meiden Menschen und Situationen, die uns Ärger bereiten, wenn wir gegen diese nichts unternehmen können.
In der wilden Natur, bei der Verteidigung von Territorien oder Rangstellungen ist Ärger durchaus sinnvoll. Auch in der menschlichen Gesellschaft regelt Ärger den Abstand zwischen den Einzelnen und dient zugleich als eine Art Fernmeldewesen. Entsteht der Ärger an einem Ort, breitet sich die hierdurch ausgelöste Spannung auf die Umgebung aus und dient als Telegraph, der dem Sozius den Zustand einzelner mitteilt. In der heutigen Gesellschaft kann man dem Verursacher nicht aus dem Wege gehen, ohne sich selbst einzuschränken. Lediglich der Verdruss bleibt und ist – immer störend. Ein guter Vorsatz ist daher was auch geschieht: „Mensch ärgere dich nicht".
Rache ist Heimzahlung von Ärger. Wenn ein böser Wille Menschen vernichtet, mahnen die Toten und Gemarterten zur Rache an den Henker und Henkersknechten. Sie reißen Menschen in den Strudel der Gewalt. Religions-, Konzessions-, Befreiungskriege folgen und bringen ein noch größeres Unheil. Und nun? Die Pocken haben Millionen Menschen vernichtet. Sollte man sich an dem Virus rächen? Wer hat etwas davon? Güte erwidert man mit Güte, das Böse mit Gerechtigkeit, die jedem Virus entweder den seinen Anlagen entsprechenden Platz zugesteht, falls es einen solchen in der sich entwickelnden Welt findet, oder den Raum in der Retorte zuweist. Nicht das Virus, wir sind schuld, wenn wir bisher keinen Schutz und die Gegenmittel fanden.
Ungeduld: Bei Arbeit in staubiger Luft belastet das Tragen einer Schutzmaske sehr. Schweiß läuft über die Stirn. Jeder Atemzug fällt schwer. Die Sinne schreien: Reiße die Maske herunter, mach den Mund auf, atme durch. Tut man es, so ist man erleichtert. Der Sauerstoff kommt nunmehr ungehindert hinein, aber auch der Staub. Die Erleichterung verfliegt bald, die Schäden bleiben. Uns ist übel, die Krankheit zerrt am Körper, nervt. Wir wollen aus dem Unwohlsein hinaus. Doch statt Erleichterung bietet man uns bittere Pillen, Diät und eine anstrengende Lebensführung an. Die Sinnlichkeit rebelliert: Als du noch keine Medikamente nahmst, ging es dir gut. Brich die Therapie ab, pfeife auf die Beschränkungen und alles kehrt wieder zurück. Geduld, nur Geduld meine Freunde. Das Unerfreuliche kommt gerade deshalb in unser Leben, weil wir es laufend mit kopfloser

Rastlosigkeit, Nachrichtenmüll, leeren Sorgen vergiften.

Sünde: Der Gegenwartsmensch kann über die Gebote der Vergangenheit nur überlegen lächeln. Was? - Fasten zu Ostern! – dazu gehören doch Schokoeier und -hasen. Gründlichkeit, Zurückhaltung, Besinnung? Wozu? Sagt man neuerdings nicht zutreffend: Wer zuerst lacht, lacht auch zuletzt. Bescheidenheit? Damit gewinnt man kein Bewerbungsgespräch für sich. Gewissen? – Nur, wenn jemand zusieht, wir dabei gut ankommen und es sich auszahlt. Sünde? Mal ehrlich, wenn der Teufel uns mit einem Gespräch beehrt und für kleine Dienste eine ganze Welt anbietet, wozu die Prüderie? Ein zustimmendes Nicken, oder ein „OK" – genügen!! Dumm ist, wer gegen seinen Vorteil handelt. Ist es so?

Sünde bezeichnete ursprünglich Abkehr vom Willen Gottes. Gott ist der Schöpfer. Wir glauben nicht an Gott. Doch was meinte man mit dem Willen des Schöpfers? Die Vervollkommnung. Leben ist das Streben zur Vervollkommnung. Sünde wäre Abkehr. So gesehen behält das Wort nach wie vor seine Teilberechtigung. Leider sündigen wir immerfort, wir tun es aus Unwissen, Überschätzung und fehlender Erfahrung. Die Sünde ist unvermeidbar, da weder Kultur noch Bewusstsein angeboren sind und erst angeeignet werden müssen. Wichtig ist, dass wir immer zu dem richtigen Pfad zurückfinden und aus Verfehlungen lernen.

Dummheit: Wenn Weisheit „göttlich" ist. Wer gab dem Menschen die Dummheit? Der Teufel? Nein, - der Vorteil.

Ist Dummheit von Vorteil? Gewissermaßen! Dummköpfe sind Knechte des Vorteils statt Herren des Erfolges. Sie dienen den vermeintlichen Gewinnen, tun ihre Gültigkeit damit und sind in dieser Rolle nützlich.

Die Allerersten sein

> *Wie sie alle rennen und rasen, als ob es um ihr Leben geht*
> *durch den Wald der Häuser und Straßen wie von Hunden gehetztes Wild.*
> *Noch schneller, noch schneller, noch schneller dem eigenen Schall hinterher, sie können's nicht ertragen wenn der andere schneller wär.*

Eile ist oft wichtig. Heinz Erhard verhöhnt im Gedicht nicht die Eile, sondern den Wunsch, vor den anderen anzukommen. Bevor man sich zu einem Wettrennen mitreißen lässt, sollte man fragen, was wohl am Ende der Rennstrecke steht? Diejenigen unter uns, die einige Bücher gelesen haben, Schicksale von Mitmenschen verfolgten, wissen: am Ende jeder blinden Unrast lauern das Alter, Gebrechlichkeit, Streit, Schmach, Versagen. Das eigentliche Leben spielt nicht in dem Unmittelbaren, sondern auf dem Weg zum Ewigen. Nur Schritte, wie klein diese auch sein mögen, die uns dem Ziel näherbringen, zählen. Überholen sollte man nicht die Mitmenschen, sondern die eigenen Unzulänglichkeiten.

Und wenn man zu spät ankommt und leer ausgeht? Ach oh je! Was braucht man schon unbedingt, um zu streben, frei und glücklich zu sein? Etwas Brot, Wasser, eine Ecke zum Schlafen und Unabhängigkeit der eigenen Besinnung. Diese Gaben hat man stets zur Hand. Es ist in unserer Macht, wie wir mit diesen umgehen.

Eitelkeit: Süß ist das Wort „Ich" - und von Grund auf verlogen. So sehr man es verwöhnt und hätschelt. „Das Ich", benimmt sich anders als das, was es ist und verheißt etwas, wozu es gar nicht dient. Jeder spürt die Falschheit und verkennt ihre Ursache. Wozu das Gefühl der eigenen Exklusivität, das aus jeder Pore unseres Körpers dringt, wenn die Biologie für „Das Ich" kaum Zeit lässt und keine Überlebenschancen einräumt? Noch ist niemand dem Leben mit Leben davongekommen.

Wenn wiederum die Selbstliebe nicht „Ich" gelten sollte, sondern ein Intermezzo eines größeren und bei weitem interessanteren Stücks der Evolution ist, warum lässt dieses Stück das Ego kalt? Warum rät uns das Ich auf alles zu pfeifen, was dem eigenen Selbst nicht zuträglich wäre? Warum bringt der Einzelne sich nicht anders in das Gemeinsame ein, als wenn es ihm direkt nutzt? Warum treffen Einzelne absichtlich menschenfeindliche Entscheidungen und, sollte dabei die ganze Welt zugrunde gehen, scheren sich nicht darum - Hauptsache es geht ihnen gut: Jetzt gut, noch gut – wohlbemerkt! Warum regt sich kein Gewissen? Mehr noch warum will die Eitelkeit, wenn das Ende heranrückt, die Welt oder (wenn der Finger nicht bis zum Knopf des Atomkoffers reicht) zumindest das Nächstliegende: Partner, Vermögen, Freunde gleichsam in den Tod mitnehmen?

Wir missverstehen die eigentliche Botschaft der Exklusivität. „Das Ich" soll weder erheben noch auszeichnen. Die Selbstherrlichkeit ist ein Schnuller, ein Kniff, ein Bonbon, eine Aufmunterung, mit der die Evolution das Individuum ermutigt, den aussichtslosen Weg zu beschreiten, ungeachtet aller Beispiele des Versagens in der Vergangenheit.

Sollen die Einzelnen sich für bedeutsam halten, solange sie mitmachen. Dem Leben geht es nicht um den „Erhalt des Einzelnen", sondern um den Vorsprung des Ganzen vor der Zerstörung. Das Individuelle teilt Risiken, spornt an, startet viele unabhängige Versuche immer wieder von vorn und nutzt hierzu jede kleinste Gelegenheit. Alle sind dem Versagen geweiht. Wenigen wird es gelingen, den Durchschnitt zu überbieten, einen Schritt nach vorn zu tun. Mit ihnen rückt das Leben gleichermaßen vor.

Das Alleinsein: In einem Stück von Monty Pythons beklagt der König Arthur bitter seine Einsamkeit. Er richtet seinen Monolog an den Diener, wie war noch sein Name? - der ihn durch dick und dünn begleitete und alle Lasten teilte, aber eigentlich die ganzen Lasten trug.

Am Rande der Poltawa-Schlacht, umzingelt von der treuen Gefolgschaft, spricht Karl König von Schweden darüber, wie verlassen und auf sich allein gestellt er ist. Offiziere, die ihn schützend umzingeln, hören zu, fangen die bleiernen Kugeln ab, leiden und sterben.

Auf dem Rückzug aus Moskau verbringt Napoleon gezwungenermaßen viel Zeit in der Gesellschaft seines Intendanten Caulaincourt, vor dem er seine Gedanken entfaltet. Damit das Pferd auf der vereisten Straße nicht krepiert, läuft Caulaincourt neben der Kutsche des Imperators. Nachts, während der Imperator schläft, schreibt Caulaincourt das Aufgeschnappte nieder. Vergangenheit, Gegenwart und Zukunft vermischen sich in den Aufzeichnungen. Die Quintessenz aber bleibt gleich. Napoleon stellt rückblickend fest, dass er niemals verstanden wurde und stets in allem auf sich allein gestellt war. Erfolge schrieb Napoleon sich selbst, Desastern dem fremden Unverstand, Sturheit und Widerwillen zu. Hinter dem Wagen des Imperators blieb ein Weg der Zerstörung und des Entsetzens zurück: tiefe Furchen in vereisten Straßen, zurückgelassenes Gut und Kriegsgerät, gesäumt von verwundeten und erfrorenen Soldaten der einst so prächtigen Grandarmee.

Die letzten Tage von Hitler und Mussolini in ihren selbstgewählten Gefängnissen, sei es in der märchenhaften Umgebung der Villa Feltrinelli oder in dem kargen Führerbunker, sind mit ähnlichen Klagen gefüllt, nur dass Mussolini und Hitler sich nicht bloß von einzelnen Menschen, sondern von dem ganzen Volk verraten und verlassen fühlten.

Man sieht: Einsamkeit ist kein Zustand, sondern der Lohn einer Einstellung.

Man ist niemals allein. Selbst wenn kein Mensch zugegen ist, Bäume und Sträucher im Garten, Vögel im Himmel, Schmetterlinge, Blumen, Käfer auf dem Grün, selbst unsichtbare Milben im Hausstaub, Hefen und Mikroorganismen sind stets da. Allein in unserem Darm stecken 10^{13} Bakterien. Jedes dieser Mikroorganismen ist ein selbstständiges Wesen. Wir sind stets vom Leben, um uns und in uns umgeben und nehmen lediglich mehr oder weniger von den anderen wahr.
Aber das zählt doch nicht!
Wieso?
Diese Lebewesen sind uns nicht ebenbürtig!
So wie der Diener dem König Arthur, Sancho Pansa dem Don Quijote, einfache Soldaten dem Napoleon, Völker dem Hitler und Mussolini?
Das Leben kümmert sich nicht um solche Feinheiten im Zug nach vorn. Jedes Lebewesen ist ein einmaliges Wunder. Wer oben, unten oder seitlich ist, spielt keine Rolle. Sollte eines Tages ein Dummkopf den Atomkrieg anzetteln, der die Menschheit tatsächlich ausradiert, werden die Mikroorganismen überleben und schnell den Weg zurücklegen, der der Menschheit misslang. Dieser tröstende Gedanke, schenkt den nötigen Abstand, nimmt einem die Furcht vor aktuellen Erpressern aus der Politik.
Einsamkeit ist kein Zustand, sondern die Gewissheit, dass dein Streben, nach dem es für dich jeden Sinn verlor, auch für niemand sonst von Nutzen war, ist, oder sein wird. Dies aber lässt sich leicht ändern.
Ruf und Ruhm: Jeder will etwas Beachtliches hinterlassen. Was aber, wenn einer das nutzt und sich zuschreibt, was ein anderer hervorbrachte? Was, wenn Redlichkeit dem Betrüger und Betrug den Aufrechten zugeschrieben wird? Was, wenn etwas, was dir zusteht, die anderen erschleichen? Die Antwort ist einfach. Wer dem Zuspruch statt der Sache dient, ist ein Lakai und kein Gestalter. Die Anerkennungen kommen und gehen, die Werke bleiben und sprechen für sich. Was helfen Werke, Aufrichtigkeit und das Heldenleben, wenn man in die Geschichte als Schurke eingeht, die Schurken aber ganz groß herauskommen?
Ihr fürchtet das Urteil der Geschichte, habt Angst bloßgestellt zu werden, durch Folter der Umstände kleinlaut, verachtungsvoll und bedeutungslos zu erscheinen? Was eurem Leben Sinn verlieh, gibt auch dem Tod Sinn.
Und das Vorbild, was wird daraus? Im Grunde nichts Schlimmes. Habt

keine Angst zu versagen. Jeder wird es eines Tages tun. Niemand zieht sich jedoch an Verfehlungen hoch, wohl aber an den Sternstunden.

Was wird aus der Gerechtigkeit? Seid unbesorgt. Diese wird immer ihren Weg finden. Der Gerechtigkeit geht es nicht um die Prahlerei, noch um einzelne Zuweisungen, sie hat ganz andere Motive und Durchsetzungsmittel als das Urheberrecht. Das Werk Einsteins einschließlich der Formel $E=mc^2$ ist ein unverhohlenes Plagiat. Der Beitrag Hubbles mit Erklärungen von den Spektren Verschiebungen ebenfalls. Hätten wir aber andernfalls um diese Formel gewusst, uns Gedanken um die Dehnbarkeit des Weltalls gemacht und in das Hubble Teleskop geschaut? Newton werden Gravitationsgesetze zugeschrieben. Merkwürdigerweise findet man in seinen Schriften kein einziges dieser Gesetze formuliert. Ruhm ist die Ausstrahlung des Werks und nicht das Leben der Vorbilder selbst. Archimedes sollte klären ob die Krone des Königs aus echtem Gold bestand. Er durfte dabei keine Proben nehmen oder die Krone beschädigen. Die Story und deren Ausgang kennt fast jeder. Wie viele kennen aber den Namen des Königs, der den Auftrag erteilte? Dabei wirkte Archimedes bloß in Königsgnaden und war neben diesem einer von unzähligen Diener. Die Geschichte interessiert sich allein für die Taten, schert sich nicht um die jeweilige Bedeutung und nutzt Namen höchstens als Vermerke und Gedächtnisstütze. Was immer du gemacht hast, es ist nichtig, wenn es von keinem weiteren Menschen ergriffen und benutzt wird. Allein das zählt.

Geltung: Geltung preist sich an, wird im Gegenzug hoch angerechnet und umschmeichelt, Bescheidenheit wird mitunter übersehen. Ungerecht? Wie man es nimmt. Verkannt sein ist weder bitter noch von Nachteil, kann sogar sehr nützlich sein. Wer zu weit in das Unbekannte vorpirscht, muss mit Misstrauen rechnen. Wahrheit ist meist unglaublicher als jede Phantasie. Bekannt und zugleich missverstanden sein, ist gefährlich, führt zu Anfeindung, sinnlosen Kämpfen und bestenfalls einer Ächtung. Alle Großen der Geschichte wurden verfolgt und mussten um ihr Leben fürchten. So war es und so wird es bleiben. Die nachträgliche Anerkennung des Werkes schützt nicht vor der Ignoranz und Missachtung der Gegenwart.

Der Abstand ist mitunter wichtiger als die unmittelbare Verwicklung. Sehen wir dem Boxer zu. Er stürzt sich nicht in den Kampf, geht auf den Abstand und hält diesen, wartet auf die Gelegenheit, die er dann

blitzschnell ausnutzt. Von der Seite betrachtet sieht es so aus, als
würden die anderen ihn bedrängen und vertreiben, er aber will nichts,
als davon zu kommen. In Wirklichkeit ist es umgekehrt. Nicht der
Angreifer, sondern der gezielt Ausweichender bestimmt die Regeln
und den Ausgang des Kampfs.
Der Verstand darf sich durch die augenblicklichen Machverhältnisse
und herrschenden Meinungen nicht binden, er braucht es auch nicht.
Richtet man sein Werk nicht an die Gegenwart, sondern an die Zukunft, so bleibt man stets unter Freunden, auch dann, wenn diese
gerade nicht zugegen sind. Ja, die Hindernisse, die Widersacher, die
drückenden Umstände sind allgegenwärtig. Sie prägen die Wirklichkeit
der Gegenwart. Wer jedoch der Zeit voraus ist, lässt sich von dem
Granit des Vorübergehenden nicht täuschen, ist in seinem Inneren
ungezwungen und vollkommen frei.

Teil IX

Weisheit

Gefühle und Wahrnehmungen lassen sich leicht täuschen, verleiten hierzu gerade. Wer sagt aber, dass der Verstand nicht ebenfalls einer funkelnden Täuschung nachläuft? Sich von Gefühlen treiben zu lassen ist weder gut noch schlecht, weder falsch noch angemessen. Gefühle regeln, wofür das Können fehlt, so wie Logik regelt, wofür es am Wissen mangelt. Der Streit ums Primat des Verstandes oder der Gefühle führt ins Abseits. Manchmal zeigt uns der Verstand, dass die Gefühle irren, öfter ist es jedoch genau umgekehrt und es sind die Gefühle, die die Verblendungen des Verstandes korrigieren.
Die Biologie, Traditionen, Kultur ausleben, ihre Stärken und Schwächen kennenlernen, um dann, statt über deren Unvollkommenheit zu jammern und sich deren Grobheit zu schämen, aus Stärken wie Fehlern der Automatismen gezielt etwas Besseres zu machen - das nennt man Weisheit.

Das Schöne und der Rest

Oft flieht man aus der grauen Realität, die uns nicht befriedigt, in bunte Trugbilder und kommt nicht weit. Die Freude will irgendwie sich nicht einstellen. Das Graue an der Wirklichkeit sind nicht die Umstände, sondern wir selbst. Empfindungen sind Lehrmeister der Evolution. Sie führen uns mit Ankündigungen an das Erlebnis heran. Wenn die Gefühle versprechen, dass die Wirklichkeit herrlich sein soll, wir aber nur das Langweilige finden, mühevoll den Alltag fristen und enttäuscht sind, dann heißt es nur, dass es unseren Vorfahren gelang, der Wirklichkeit das Schöne zu entlocken. Kommt es bei uns anders, dann haben wir etwas falsch verstanden, nicht richtig, am falschen Ort, zur unpassenden Zeit und mit verkehrtem Einsatz gemacht. Nicht die Ankündigungen unserer Gefühle sind falsch, nicht die Umstände und nicht die Wirklichkeit, sondern Ausrichtung und Ausgang unserer Unternehmungen.

Enttäuschungen und Langeweile kommen, wenn wir zu geringe Ansprüche an die Wirklichkeit stellen und uns damit abfinden, dass der Alltag halt alltäglich und trist sei. Kein Augenblick ist es! Die Wirklichkeit ist das, wozu wir diese machen. Die Realität ist nicht bloß gut, es ist besser, als wir es uns je erträumten oder vorstellten.

Dieses süße Wort Freiheit

Freiheit ist das wertvollste Gut, für das man kämpfen soll. Kaum ein Satz wird so sehr missverstanden. Freiheit ist kein Gut zum entreißen, sie ist das Licht zum Hinauswachsen – Freiheit ist ein Maß des eigenen Fortschritts.

Schwach werden wir geboren, verletzlich, doch unsere Kräfte wachsen und mit ihnen die Freiheit. Zwar fügen wir uns in die Notwendigkeit ein, dennoch verändern wir Umstände so, dass diese uns zu Diensten werden. Die Wirklichkeit büßt dabei keine ihrer Eigenschaften ein, wird weder enger noch größer, weder strenger noch gütiger, weder bestimmender noch freizügiger, wir lernen lediglich uns darin ungezwungener zu bewegen. Das eigene Können, nicht die Umstände machen uns frei. Der Kampf um die Freiheit ist der Kampf mit sich selbst.

Und die roten Linien, bei deren Übertretung man zurückschlagen soll? Was soll dieses kindische Drohgehabe. Nicht der Angriff, sondern die Initiative ist die beste Verteidigung. Nimm fremde Bewegungen gelassen, insbesondere, wenn sie deinen Schaden zum Zweck haben. Tu, was du für richtig hältst und nicht was man dir aufzwingen will. Wahrheit ist dem Falschen im Vorteil, da sie erlaubt, sich auf dem Terrain zu bewegen, das der Anmaßung unsichtbar bleibt. Obwohl alles vor jedermanns Augen geschieht. Die Widersacher verkennen die Ereignisse, können diese weder verstehen, noch angemessen darauf reagieren. Darum bedarf Wahrheit keiner Fürsprecher und keiner Schutzpatrone. Die Gewissheit, das Richtige zu tun, genügt. Wahrheit gibt Zuversicht dem, der sie kennt und Segen dem, der sie nutzt. Ereignisse sind auf der Seite derer, die deren Vorzeichen erkennen und vorauseilen. Dient dem Wahren, dann werden Wendungen des Schicksals zu Hammerschlägen eures Willens.

Das Gute und die Güte

<blockquote>
Крошка сын к отцу пришёл, и спросила кроха:
— Что такое хорошо и что такое плохо?
</blockquote>

Tja!
Was ist gut? Was ist schlecht? Was ist richtig? Was ist falsch? Was ist rechtens? Was soll man meiden?
Wir stellen uns oft diese Fragen und meinen sie selten wörtlich. Was die meisten tatsächlich bewegt sind Selbstmitleid, Neid und bohrender Zweifel. Wenn das Gute und die Güte gut sind - warum wird das Gute so schnöde missachtet und das Böse belohnt? Warum werden die Guten zuweilen bestraft und die Bösen gepriesen? Dabei ist die Antwort einfach. Das Gute muss nicht belohnt werden, gerade weil es gut ist und bleibende Freuden spendet. Das Böse dagegen bedarf der 30 Silberlinge. Niemand würde es sonst tun. Das Gute steht auch ohne Patronen, Fürsprechen(r), das Böse verzieht sich ohne Schmeichelei und Applaus.

Das Unangenehme

Menschen meiden stur das Unangenehme, selbst dann, wenn dieses Meiden ihnen das Leben letztendlich unerträglich macht.
Wir laufen unbedacht dem Angenehmen nach wie der Freier dem schönen Mädchen und fliehen vor dem Grässlichen und Schmerzlichen. Nachlaufen spart Denktätigkeit, Notwendigkeit zum Abwägen und sich zu entscheiden, beruft sich auf die einstigen Werte, deren Sinn uns verschlossen ist und etwas ganz anderes als bloße Freuden oder Gefahr darstellen. Freuden wie Leiden sind unentbehrlich. Die Freuden sind wertvoller, gewiss. Das Unangenehme ist dafür vielleicht

wichtiger. Während Euphorie von den Vorschüssen lebt und unnütz Kräfte verbraucht, gibt das Unwohlsein uns ein ziemlich genaues Maß dessen, was wir tatsächlich zur Hand haben, weist darauf was uns unnötig beschwert, hilft uns den Ballast abzuwerfen.

Die Unseren

Wer bist du? Wer bin ich?

Unsere sind gekommen. Ein Spruch aus den Zeiten des Krieges. Damals kam jemand, befreite, tröstete, richtete auf. Wer aber kommt dieses Mal, von wo?
Auch wenn man es gern anders möchte. Niemand wird kommen und uns (die Guten, Wertvollen, Bedrängten) befreien. Wie sollten sie es auch tun, wenn wir selbst nicht wissen, wer wir sind?
Den Halt zu verlieren geht schnell. Zu finden, wo die Deinen sind und sich zu diesen durchzuschlagen dauert mitunter ein ganzes Leben. Unsere sind nicht irgendwo draußen, sondern innen, in den Banden, die uns an die Mitstreiter binden. Sind wir soweit, haben wir herausgefunden, wer wir sind, was unser Heim und unsere Heimat ist, dann werden auch die Unseren kommen.
Sie tauchen aus dem Nichts auf - unbekannt, nicht gerufen, unverhofft, nicht angekündigt. Doch plötzlich sind sie da und in allem was sie tun und handeln sehen wir – ja es sind die Unseren und wir sind die Ihren.

Unsere täglich Angst

Schon die Erinnerung an die Empfindung lässt uns frösteln. Es geschah noch nichts, es geschieht noch nichts und doch kann man an nichts anderes denken. Die Angst macht sich im Körper breit, verdrängt alles und lässt nichts anderes zu. Die einfachsten Dinge des Alltags wiegen schwer und gelingen nur unter größter Anstrengung. Die Überwindung der Angststarre und Unentschlossenheit nervt, treibt zum Wahnsinn. Nichts wie weg! Sich verkriechen, die Türen verriegeln, alles hinschmeißen, fliehen. - Nur wohin? - Die Angst sagt nichts hierzu, folgt uns stattdessen auf den Fersen und macht eine sichere Wohnung, einen meterdicken Bunker oder ein fernes Exil zur Falle, in der man sich statt geborgen, eingesperrt und hilflos ausgeliefert fühlt.

Die Angst ist des Menschen größter Peiniger und Widersacher. Sagt man!? Ist es denn so?

Etwas greift in unseren Freiheitsraum ein und droht, Geist und Körper, Vermögen oder soziale Stellung zu vernichten. Je größer die vermeintlichen Verluste und näher die Gefahr, desto größer die Angst. Dabei ist es unwichtig, ob die Umstände gegeben oder gedacht sind.

Montaigne berichtete von einem Schiff: Bei einem heranziehenden Sturm liefen Pilger über's Deck, verstört durch schnell nahende schwarze Wolken, zuckende Blitze und Donner. Der sie begleitende Priester zeigte auf die vergnügt grunzenden Schweine, die trotz Getöse gierig aus dem Trog fraßen und sagte: „Was nutzt uns die Kenntnis der Dinge, wenn wir dadurch nur feiger werden?"

Die Angst malt aus, was kommen könnte, nicht was tatsächlich geschieht.

Eine Prüfung, Nachricht, Gewaltandrohung, Symptome einer unheilbaren Krankheit, Gerichtsverhandlung: Schicksalsträchtige Ereignisse kreuzen unseren Weg, machen alles zuvor Erstrebte von ihrem Ausgang abhängig. Das bisherige Leben und Tun sind in Frage gestellt. Gepeinigt vom Ungewissen ist der Mensch nicht sein eigener Herr, vernachlässigt Essen, Trinken, Schlafen, verkriecht sich, kappt Verbindungen zur Außenwelt. Die Angst unterdrückt alle Regungen außer solche, die Gefahren und Verluste zu verringern versprechen. Wozu die Pein? Was will die Evolution uns damit sagen?

Viel!

Stellen wir uns einen unbekümmerten Hasen vor. Das Langohr knabbert an einem saftigen Blatt inmitten einer grünen Wiese. Plötzlich spürt er etwas Fremdes. Seine Nase wittert zwischen dem Duft sanfter Gräser den schneidenden Geruch eines Raubtiers. Mit dem Genuss ist es vorbei. Das Grün, die Sonne, das milde Wetter, der süße Geschmack der Pflanzen sind immer noch da, verlieren jedoch ihre Anziehung. Der Hase erstarrt, obwohl er das Raubtier weder hört noch sieht und nicht einmal weiß, ob der Prädator anwesend ist oder vor einer Weile die Geruchsspur hinterließ. Alle Wahrnehmungen und Regungen sind einem Ziel unterworfen. Der Körper zieht sich zu einem

Bündel an Energie zusammen. Er ist nur noch eine Sprungfeder, bereit loszurennen und sich in seinem Erdbau oder Gestrüpp zu verstecken.

Angstgefühle sind Automatismen der Mobilmachung. Der Trieb ist intensiver als die meisten anderen körperlichen Regungen, mit Ausnahme der Liebe. Angesicht der Gefahr hat alles andere zu schweigen. Um konkurrierende Regungen abzuschalten, färbt Angst diese bitter. Was unter normalen Umständen Neugierde und Lust weckt, wirkt bei Angst reizend, nervt, ekelt an. Die üblichen Verlockungen der Lebensfreuden rufen unter Angst Übelkeit, Erbrechen, Krämpfe, Schlaf- und Appetitlosigkeit hervor. Dagegen werden Schmerz und Müdigkeit kaum empfunden.

Ist Angst unangenehm?

Ja, sehr, sie ist zuweilen unerträglich! Ruhe, Erholung, Wachstum werden undenkbar. Leben in Angst ist dauerhaft unmöglich.

Ist Angst gegen uns gerichtet?

Nein. Das ätzende der Angst dient einem bestimmten Zweck – sie drängt Betroffene auf eine Erlösung hin. Die Sirenen der Angst rütteln auf. Leiten kann uns die Angst nicht. Den Ausweg muss jedes Lebewesen- selbst finden. Die Angst ist ein uriger und sehr starker Instinkt. Vielleicht sind gerade deswegen viele der Hilfen, die die Körperlichkeit zur Überwindung der Gefahr bietet, nicht zeitgemäß.

Die Starre legt jede Bewegung lahm. Der Körper versteinert, die Gedanken rasen, die Sinne sind überspannt. Man hört jeden Flüsterton und spürt jede Luftregung. Was kommt jetzt? Was soll man tun, wofür sich entscheiden? Die Ur-Stealth-Technologie der Starre minimiert die Anwesenheitszeichen und erschwert dem Prädator das Orten seines Opfers.

Die Panik erlöst aus der Körperstarre durch blinden Aktionismus, Flucht, verwegene Manöver und Sprünge. Obwohl Panik oft selbstmörderisch wirkt und endet, ist diese mitunter hilfreich. Denn Aktionismus befreit. Immerhin sind nicht alle Gefahren echt. Bei eingebildeter Bedrohung beweist der Umstand, dass man trotz allem weiterlebt, die Nichtigkeit der Angstauslöser. Im Fall einer tatsächlichen Gefahr ortet Panik diese. Zwar verrät der Hase seine Lage, wenn ihn jedoch die Flucht nicht gerade auf das Raubtier zutreibt, lockt er das Raubtier aus dem Versteck und kann nunmehr gezielt davonlaufen.

Panik wirkt nach dem Prinzip Kopf oder Zahl, wobei Kopf oder Kragen wohl eher zutreffen.

Flucht ist ein kopfloses Verlassen der Gefahrenzone, bei dem man auf alles verzichtet, was man zuvor anstrebte. Solch ein Verzicht ist nicht nur in der Natur angemessen. Pilatus sagte zwar in Bulgakows „Meister und Margarita": Feigheit ist das größte menschliche Laster. Er war zu streng. Denn würden einige von uns nicht ab und zu davonlaufen, würde das Leben dann noch weitergehen?

Gutes Ende: Gefahr und Schrecken sind aufreibend. Ziehen jedoch die dunklen Wolken fort, ist die Prüfung bestanden, die Krankheit geheilt, die Diagnose widerlegt, eine Bedrohung aufgehoben oder in die Ferne verschoben, so ist die Ungewissheit beendet, die Angst weicht zurück. Man kann wieder frei atmen, sich beruhigen, ausschlafen, essen, trinken, sich unterhalten und vor allem unbeschwert weiterleben. Ein Stein ist vom Herzen gefallen. Alles schmeckt danach umso besser und bereitet uns umso mehr Freuden. Menschen nennen es „Gutes Ende" und liiiiieben dieses Gefühl.

Gruseln: Das gute Ende ist großartig. Ohne das Böse kann es jedoch kein gutes Ende geben. Pseudo-Angst-und Schrecken helfen aus. Um ein gutes Ende zu erleben, suchen Menschen unheimliche, unangenehme und sogar schmerzliche Erlebnisse auf, solange die eigene Unversehrtheit stimmt. Karussell, Achterbahn, Gruselkabinetts; Dramen, Horrornachrichten und Geschichten schwenken die Angstkeule frei von echter Gefahr. Sado-Masochisten treiben alles auf die Spitze.

Grausamkeit: Den eigenen martialischen Erlebnissen sind Grenzen der körperlichen Unversehrtheit gesetzt. Bei den anderen ist dies nicht der Fall. Die Hochstimmung des eigenen guten Abschneidens lässt sich angesichts des fremden Leidens intensivieren. Das Ertränken, Köpfen, Pfählen, Kreuzigen, Vierrädern, Feuer, flüssiges Blei, spanische Stiefel – sind rein menschliche Erfindungen und bei Wildbahnbestien unvorstellbar. Sie säumen den Weg der sogenannten Zivilisation. Rituale der Menschenopfer, Kannibalismus-Feste, Schrumpfkopf-Amulette, Schädel-Pyramiden, Hinrichtungswagen, öffentliche Verbrennungen von Hexen, Hitlers Totenkopfeliten, Selbstmordattentate, Schüsse von Prädator-Drohnen vor laufenden Kameras wetteifern in Darbietung und Überbietung der Grausamkeit.

Medikamente: Körperliche Regungen werden durch biologische Botenstoffe gelenkt und lassen sich simulieren. Früher verwendete man hierfür Pilze, Cocablätter, Alkohol. Die Moderne baut auf LSD, Tranquilizer, Antidepressiva. Die Effekte werden immer spezifischer und je nach Wunsch maßgeschneidert. Genau wie Schmerzen können Medikamente die Angst nehmen. Man tritt unerschrocken auf und bleibt frei von Schmerzen und Furcht. Großartig?

Nein! Es gibt viele Erkrankungen, bei denen das Schmerzempfinden nachlässt. Das Resultat ist verheerend: Wunden, Verletzungen, Verbrennungen, Krankheit und Tod. Angst ist nicht minder wichtig als Schmerz. Beide sind Stacheln, die dem Körper mitteilen, dass er den sicheren Pfad verlässt. Ihre Abschaffung ist mit dem selbstständigen Leben unvereinbar.

Shockandawe: Wer über der Gefahr steht, die Schrecken aber nach Belieben verbreitet, kann die Verängstigten durch das Öffnen und Schließen der Fluchtwege lenken. Viele Anführer gaukeln daher gezielt Gefahren vor und werden, um authentisch zu wirken, selbst zu einer Gefahr. Terror, Gerichte, Kriege, Nachrichtenlenkung - wer Furcht streut, treibt Menschen, wie Schäferhunde die Herde. Stets stehen andere Absichten dahinter, als die Abwendung von Gefahren, die man an der Wand malt. Meist geht es um das Futter für den Markt oder für die Kanonen.

So wie die Politik sich einiges zugelegt hat, um Ängste zu schüren, haben Menschen mehrere Gegenmittel erfunden:

Gegenmittel

Mut ist die Fähigkeit mitten in den Ängsten seinen Weg fortzusetzen frei von Starre, Panik und Fluchtgedanken, weil man seines Ziels gewiss ist und die Nichtigkeit der Alternativen erkennt. ***Kaltblütigkeit*** trainiert man an. Auch Schurken und Feiglinge können kaltblütig sein. Oft ist diese Kaltblütigkeit eine andere Art von Verzweiflung, die zwischen schlechten und noch schlechteren Alternativen wählt. So springt eine in die Ecke getriebene Ratte dem Angreifer ins Gesicht, so klettern Soldaten aus dem Schützengraben den feindlichen Geschossen entgegen, um den Kugeln des Kriegsgerichtes zu entgehen. Kaltblütigkeit befreit nicht von der Angst. Sie zwingt einen dazu, trotz Bedrohungen und düsterer Aussichten zu handeln. Statt vor Gefahren zu fliehen treibt sie auf diese zu. Zuweilen siegt man oder zumindest überlebt man dabei.

Anders als der Mut und die Kaltblütigkeit strebt die ***Verwegenheit*** Gefahren an. Kann man Gefahren mögen? Wohl kaum. Die besten

Pilze lassen sich jedoch im radioaktiv verseuchten Wald finden. Je tiefer man in die Gefahrenzone vordringt, desto menschenleerer wird es und desto größer die Ausbeutechance. Menschen, die gefährlich leben, lieben weder Angst noch die Bedrohung, sondern Gewinne.

Was sich als Mut oder Verwegenheit präsentiert, müssen keine sein. Die **Unachtsamkeit** und mangelnde Erfahrung wirken zuweilen selbstsicher. Äußerlich scheinen Mut und *Dummheit* gleich unbeeindruckt von den Anzeichen der Gefahr. Das Verhalten bei der Bewältigung der Situation und die Resultate offenbaren die Ahnungslosigkeit der Aufschneider und stellen alles auf seinen Platz.

Verneinung: Gefahr, die sich nicht abwenden lässt, lässt sich leugnen. Dem Pferd setzt man Scheuklappen auf, beim Menschen kaschiert man die Inhalte. Kaufhäuser und Vergnügungsanstalten tummeln im Vordergrund. Schlachthäuser, Sterbestationen, Kranken- und Leichenhäuser umringen sich mit hohen Mauern. Solche Griffe helfen nur teilweise, denn nicht alles lässt sich verdecken. Das Leben in der Gesellschaft führt dem Menschen alltäglich tödliche Krankheiten, Autounfälle, Bankrott, Streit, Vereinsamung und die Not anderer vor. Nicht nur, dass der Mensch sich in fremdes Schicksal versetzen kann, er erlebt oft, dass der Schlag durchaus ihm gelten sollte und nur durch Zufall jemand anderen traf. So gesehen müsste der Mensch sein Leben stets in Angst verbringen. Dem ist nicht so. *„Jakob der Lügner“* ist ein poesievolles Beispiel dafür, wie man unter extremen Bedingungen existenzieller Bedrohung weiterleben und sogar Menschlichkeit, Wärme und Erhabenheit ausstrahlen kann. Religionen, Philosophien, Ideologien tun nichts anderes als die Gegenwartsängste einzudämmen. Menschen entscheiden sich nicht für den Betrug, sondern für die Handlungsfreiheit und Integrität. Dietrich Bonhoeffer schrieb dazu, während er im Nazikerker auf seine Hinrichtung wartete:

> *Von guten Mächten wunderbar geborgen, erwarten wir getrost, was kommen mag.*
>
> *Gott ist mit uns am Abend und am Morgen und ganz gewiss an jedem nächsten Tag.*

Die wichtigste Lehre der Evolution lautet, was auch geschieht, wie die Situation sich auch wendet - nicht Umstände, der Wille weiterzuleben ist entscheidend. „Das Lügen“ der Weltanschauungen kleidet diese grundlegende Wahrheit lediglich in das Gewandt, welches der Zeit und den Menschen angemessen ist.

Geborgenheit

Leiden kommt vom Wollen, soll Buddha gesagt haben. Wer nichts will, muss nicht leiden und hat daher keine Angst vor Kummer und Schmerzen. Man hat Buddha wohl falsch verstanden oder er hat seinen Spruch nicht zu Ende durchdacht.

Der Stein verlangt nichts. Zwar kennt der Stein kein Leiden, aber er lebt auch nicht. Leben ist Wollen! Mehr oder weniger Wollen ist mehr oder weniger Antrieb. Dem Leben das Wollen abzusprechen bedeutet den Tod. Das Wollen macht weder das Leben leidvoll, noch ist das Leid an sich schlecht. Leiden wie Glück befeuern das Wollen, nicht umgekehrt! Sorgen geben uns biologische Richtwerte, mit denen wir den Abstand von der Zerstörung messen. Angst kündigt Gefahren im Vorfeld an und rät uns, diese zu meiden. Zwar züchtigen uns Angst, Enttäuschungen und Leiden zuweilen, sie tun es aus Liebe, wie eine Mutter. Ist der Abstand klein und schrumpft zusehends, so bringt die Angst uns immer wieder zurück zum Thema. Das Gefühl fordert uns auf, die Selbstzufriedenheit abzulegen und emsig zu suchen, bis die Zukunft erneut freigelegt ist. In diesem Zusammenhang haben wir vielleicht zu wenig Angst, sind zu selbstgefällig und träge, um zielstrebig am Morgen zu arbeiten.

Wie bitte! Sollte man Angst und Leiden heraufbeschwören?

Nein. Sie kommen von alleine, ungerufen. Doch sind sie da, so sollte man sich nicht wegdrehen und so tun als gebe es sie nicht, sondern man soll ihnen zuhören. Leiden sind reinigende Gewitter des Strebens, die unsere Fehlschritte offenlegen. Die Beschauung der Gefahren und Gegebenheiten, das Aufspüren der Wege, die trotz aller Bedrohungen eine Entfaltung ermöglichen, beheben die Angst und die Starre, verleihen dem Leben einen Sinn.

Wo findet man diese Lösungen? Wie banal es auch klingt – überall.

Angst signalisiert uns, dass das, was wir bisher anstrebten, unter gegebenen Umständen nicht sicher erreichbar ist und alle bisherigen Mühen vergeblich sein könnten. Da jede Situation eine sinnvolle Handlung von unvergänglichem Wert zulässt, verdanken wir die Angst im Wesentlichen der Verbohrtheit und Unreife unserer Haltung, die sich verkrampft an den falschen Zielen hält.

Hoffnung und Zuversicht

Unser Gegenwartswissen bietet der Menschheit nicht den Schimmer
einer Aussicht. Die Sonne wird einst ausgestrahlt und der Planet Erde
unbewohnbar sein. Der Flug zu anderen Galaxien erfordert Energien,
die der Masse unserer Sonne gleichen. Man müsste quasi einen Stern
auslöschen, um zu dem anderen zu gelangen. Doch würde man diese
Energie irgendwie aufbringen, es wird unerträglich eng in der Raum-
kapsel, die Reise lang und ihr Ausgang ungewiss sein. Im Grunde, statt
Erlösung, erhalten die wenigen Argonauten eine lebenslange Frei-
heitsstrafe unter äußerst strengen, ja unerträglichen Bedingungen.
Werden sie je durchhalten und unbeschadet ankommen?
Man kann mehrere solch scheinbar auswegloser Hochrechnungen
aufzählen. Ist alles verloren, weil nach dem derzeitigen Wissensstand
alle Mühen, den Planeten Erde zu erhalten oder zu verlassen vergeblich sind und dem Überleben der Menschheit keine Chance bieten?
Hoffnung ist die Gewissheit, dass es dennoch eine Lösung gibt: Sie ist
derzeit nicht erkennbar, alle Fakten sprechen dagegen. War es bisher
nicht in allem so? Wie soll ein Sammler den Pflug, ein Jäger das
Schießpulver, ein Steinzeitmensch die Raketen, ein antiker Philosoph
die Atomspaltung voraussehen und in Betracht ziehen? Weder Vorstellungen noch Möglichkeiten gab es. Sie kamen später und brachten
neuartige Aussichten. Wenn wir so weit sind, werden wir einen Ausweg finden. Die gesamte Evolution des Lebens zeugt davon.

Gelegenheit

Was nutzten alle Weisheiten, Zusicherungen und Hoffnungen gegen
Zufälle des Geschicks. Das Pferd von Dschingis Khan stolperte über ein
Kaninchenbau. Mit Dschingis Khan stürzte das Mongolenreich. Was
gegnerische Armeen, Hofintrigen, Dolche und Gifte nicht vermochten
bewirkte ein niedliches Tierchen und das nicht einmal absichtlich.
Welchen Sinn hat das menschliche Streben, wenn der Zufall jedes

Vorhaben unverhofft zerstören kann und das schließlich irgendwann auch tatsächlich tut?

Ja, wir können nicht beeinflussen was, wo, wann auf uns zukommt. Was wir mit dem Geschehenen anfangen, liegt jedoch allein bei uns. Der Zufall setzt nur denen schwer zu, die sich für abgeschlossen halten. Der Zufall zerstört diese Illusion, er verrät uns die eigenen Unzulänglichkeiten, zeigt, dass hinter dem Sichtbaren etwas Weiteres liegt und gibt Anlass uns zu bessern.

Wie beliebt? Der tödliche Zufall soll bloß ein Anlass, eine Gelegenheit sein? Natürlich! Wir nehmen unsere körperliche Anwesenheit zu ernst. Diese ist nicht kritisch. Tod ist ein Teil des Lebens.

Tod im Leben

Was macht das eigene Leben so lebens- und erhaltenswert? Wie sehr man es auch abwägt, das Wertvollste am eigenen Leben ist das Geschenk vergangener Generationen: alle Erfahrungen, Gedanken und Können, die sie an uns weitergaben und die in uns und mit uns weiterleben. Ohne diese ist unser Leben bedeutungslos.

Die Todesgewissheit zwingt uns, über unser eigenes Wesen nachzudenken, verlangt unserem Gewissen sozusagen eine Beichte ab. Wir tun es immer wieder. Meist gezwungen, ungelenk, oft viel zu spät. Mitunter muss man erst alles richtig verlieren, jede Hoffnung und mit dieser die Alltagssorgen aufgeben, dann ungeachtet aller düsteren Zusicherungen einen Aufschub bekommen, um auf die Grundsätze zu kommen, sich aufzurichten und vom Ballast erleichtert voranzuschreiten.

Die Todesgewissheit ist der Stachel, welcher die Luftblasen der Wichtigtuerei und des Egoismus platzen lässt und den Menschen dazu bewegt, so zu wirken, dass eine Unterbrechung dem eigentlichen Leben nichts antut.

Welche Unternehmungen sollte man angesichts der Kürze des Lebens wagen? Nur die höchsten! Die Kürze des Lebens ist ein Trugschluss. Das Leben bricht nicht ab. Es nimmt sich eine Pause, wendet sich anderen Dingen zu. Übrigens nicht nur der Tod unterbricht unser Wirken. Zerreißen wir nicht laufend Fäden unserer Vorhaben und binden diese später vielfältig und für uns selbst unerwartet wieder zusammen? Tag für Tag lassen wir Dinge fallen, wenden uns ab, vergessen mitunter, finden sie wieder und packen an. Noch krasser ist der Schnitt beim Einschlafen. Wir treten komplett weg. Haben wir Angst vor dem Schlaf? Nein! Wie ersehnen diesen, der Frische und Kräften wegen, die er spendet. Bekümmert uns das „Nichtsein" im Schlaf?

Nein! Warum?

Weil wir der Fortsetzung gewiss sind. Die Erfahrung sagt uns, dass nichts von dem Gestrigen umsonst war und mit dem Aufwachen ganz bestimmt seine Fortsetzung findet.

Was ist anders am Tod? Die Ungewissheit? - Worüber? Eigentlich ist es umgekehrt. Auf dem Richtstuhl des Todes wird klar, was von dem, was wir mitbringen, Bestand hat und was vergeht.

Wo ist der Beweis, dass man aus dem Todesschlaf aufwacht?

Das eigene Leben ist der Beweis. Wir sind nun mal da. Gekommen sind wir aus dem Nichts und saugten begierig auf, was unsere Vorfahren zurechtlegten. Was dem Leben dient, wird mit Sicherheit wiedergefunden und in unerwarteten vielfältigen Kombinationen fortgeführt. Verfallen und vergessen wird nur das Nichterhaltenswerte. Leben heißt Wirken. Der Tod ist ein Intermezzo des Lebens, genauso wie der Schlaf ein Intermezzo des Wachseins ist. Beide bringen tröstende Gedanken der anrückenden Ruhe, nicht ganz gewollt, jedoch stets verdient und erlösend.

Und das Unverhoffte daran? Wenn uns der Tod kurz vor dem Abschluss von etwas Wichtigem trifft und es nicht zu vollbringen erlaubt? Sollte man nicht lieber etwas Kleineres, Sicheres wählen? Wozu?

Tod und Unglück finden genug Gelegenheiten zuzuschlagen, ohne vorher mit dem Finger zu mahnen. Sie kommen, wenn ihnen danach ist. Wir aber werden es dem Ungemach nicht leicht machen im Inneren über seine vergeblichen Mühen lächeln und an den kleinen Siegen unserer Widerspenstigkeit Freude haben. Eins ist gewiss. Was wir vermasseln werden andere richten.

Und wenn der Tod schmerzlich, grausam, oder peinlich wäre? Wenn der Mensch als Schwächling vor dem Schicksalsschlag oder als Feigling vor der Folter steht?

Grausam und peinlich ist nicht der Tod, sondern zuweilen das Leben, das sich verbraucht hat und nicht weiterweiß. Es ist nichts Schlimmes dabei, wenn man angesichts der Schmerzen klein beigibt, weint und vor den Zungen des Feuers auf einem Scheiterhaufen die Beine anzieht oder im Todeskrampf uriniert. Der Tod kennt keine Schmerzen und keine Peinlichkeit - er erlöst von diesen. Die Begleitumstände sind letztendlich unwichtig. Irgendwie sterben müssen wir alle. Hat man den Übergang geschafft, sind alle Misslichkeiten für immer vergessen.

Umgang mit dem Altern: Leicht ist es tapfer aufzutreten, wenn man gesund und bei Kräften ist. Was aber, wenn man quasi schon vorher stirbt, sich selbst wegen Demenz nicht im Spiegel erkennt, dummes Zeug von sich gibt? Der Seniorenverstand ist vom Stumpfsinn, der Alltag von Krankheiten geplagt. Die Verklärung kehrt nur noch gelegentlich ein. Man kann diese nicht erzwingen, wohl aber geduldig auf die Augenblicke des Durchblicks warten.

Kann man überhaupt gegen das Altern ankämpfen, etwas gegen das Nachlassen des Scharfsinns, des Augenlichtes, gegen Demenz tun? Na klar. Man legt sich eine Brille, ein Hörgerät, Notizblock oder einen Computer zu. Augen, Ohren oder Gedächtnis werden dadurch nicht besser. Aber man lernt das Verbleibende besser zu nutzen. Man erfindet unzählige Tricks, mit denen man der schwächelnden Aufmerksamkeit auf die Sprünge hilft. Noch können wir unser Leben nicht beliebig verlängern, aber wir tun viel, wenn wir um jeden Augenblick eines glücklich erfüllten Lebens streiten.

In jedem Menschen ist, dank seiner Entstehungsgeschichte, ein Sammler und Erbauer eingeschlossen. Das Sammeln und Abschöpfen regelt die erworbene Körperlichkeit. Ihre Organe und Funktionen haben ein Fälligkeitsdatum und brechen im Alter nach und nach weg. Man kann nur ohnmächtig zusehen, wie alles entgleitet. Für die Schöpfung bestehen die evolutionären Beschränkungen nicht, denn sie ist auf das Künftige ausgerichtet. Schöpfung setzt das Vorhandene ungewöhnlich ein und findet dort neuartige Lösungen, wo die üblichen Automatismen versagen. Die Verluste sind unvermeidlich? Wenn schon, wir müssen halt diese in Gewinne verwandeln! Das Altern ist nicht zum Abfinden, sondern zum Voranschreiten da. Solange man lebt, kann man das Verbleibende nutzen und weiterkommen.

Leben, lange leben, weiter leben trotz aller Widrigkeiten ist die erste Menschenpflicht!

Teil X

Verband des Lebens

Jetzt stand der Mensch und wies den Sternen

Vielleicht ist es an der Zeit, bewusst eine Bewegung des Lebens auszurufen. Nicht, dass Lebensbewegung einer Ankündigung bedarf. Die Parteien des Lebens bestanden schon immer, ohne dass diese so genannt wurden oder dass die Akteure sich über die eigentlichen Motive im Klaren waren. Es gibt kaum eine politische Bewegung, die sich nicht auf das Leben beruft und sich als dessen Schirmherr aufführt. Oft wird dabei das Wort „Leben" wie einst das Wort Gott oder Schöpfer zwecks Verführung und zum Verdecken der inhaltlichen Leere missbraucht. Uns geht es nicht um griffige Phrasen und Schlagwörter, nicht um Rezepte für angeblich „besseres, gerechteres oder selbst eben anderes Leben", sondern um die Besinnung auf das Wesentliche, die Bereinigung des Lebenssinns von Scheinerklärungen, dem Auszug des Strebens aus dem Irrgarten des unmittelbaren Gewinns.

Die Lebensbewegung soll vordringen, einschließen, mitreißen, einen Anziehungspunkt bilden, wo man nach Gleichgesinnten sucht, Gedanken austauscht, wirkt, vom Gemeinsamen lebt und sich mit allen entfaltet.

Die Wurzeln

Das Leben ist ein Wettlauf der vorgreifenden Erneuerung mit der Zerstörung und dem Tod. Wie sehr das Leben sich auch vorsieht, Gefahr lauert überall, wo es an Erfahrung mangelt. Das Leben minimiert das Risiko, vervielfältigt das einmal Erreichte auf der Höhe des Erfolgs und verteilt die Anleitungen hierzu in Satzungen von Empfehlungen an die Erben. So entgeht das Leben dem Versagen. Die Erben sind zunächst ahnungslos und quasi zu den Anfängen versetzt. Sie, beginnen jedoch nicht hilflos von vorn, sondern bewegen sich in den

Fußtapfen ihrer Ahnen. Dabei folgen sie den vererbten Wegweisern bis eine unbekannte Situation eintritt und ein neuartiges Herangehen erfordert. Einige zerbrechen daran, andere finden einen Ausweg und fügen die entdeckten Lösungen dem Erfahrungsschatz künftiger Generationen zu. Das individuelle Leben beinhaltet Reifen, Wagnis, Vordringen in das Ungewisse, kleine und große Siege, Vervollkommnung, Sicherung des Vermächtnisses aber auch Verluste, Erschöpfung, Versagen und den Tod.

Satzungen

Satzungen sind nicht nur für die Vererbung der Erfahrung wichtig. Würde das Leben jede Eroberung mit sich schleppen, käme es nicht weit. Der Schneeball des Brauchbaren wäre nach wenigen Schritten nicht mehr zu bewegen. Satzungen bewahren das Erkundete in Gebrauchsanweisungen auf, die sich überall mitnehmen lassen. Das Leben löst sich von dem Erreichten in der Gewissheit, dieses jederzeit wieder zu finden und jeden Lebensvorgang dort fortzusetzen, wo es schon einmal war.

Derzeit bedeutendste Satzungen der Lebenserfahrungen sind: das Genom (in Abfolge von Nukleotiden festgehaltene Anweisungen individueller körperlicher Entfaltungen), die Kultur (soziale, berufliche und politische Werkzeuge, Bauten, Straßen, Atmosphäre, Gewässer, kurz Kulturlandschaft), und das Bewusstsein (in Symbolen der Mitteilung verfasste Erfahrung).

Genom: Das Genom bewahrt die Inhalte der eigenen Evolutionsgeschichte auf. Die Satzungen des Genoms sind auf deren Besitzer zugeschnitten. Ihr Ausbau erfolgt zunächst durch Wachstum, Auseinandersetzung mit Hindernissen, Anpassung, Umwandlung und Vermehrung eigener Genotypen. Die Sexualität gestaltet Erfahrung einer Art, verbindet die Gensatzungen erfolgreicher Entwicklungslinien einer Art miteinander, erlaubt es jedoch nicht, diese Neuerungen auf eine andere Art zu übertragen.

Kultur: Die Populationsdynamik verändert die Atmosphäre, Wasser und Bodenverhältnisse. Diese unbeabsichtigten, jedoch unumkehrbaren Veränderungen wirken bestimmend auf das Erdenleben zurück.

Kultur wirkt ähnlich jedoch vorgreifend, bringt zielgerichtet Bedingungen hervor, die nur bestimmte Verhältnisse kanalisieren und beschleunigt den Fortschritt enorm. Kultursatzungen sind eigenständig, können mit unterschiedlichem biologischen Material arbeiten, solange dieses die kulturellen Weisungen befolgt. Zwecks Überordnung wehrt sich Kultur gegen alles was die Bestimmtheit ihrer Satzungen stört, sonst würden diese nichts bedeuten und breitet sich durch Vermehrung, Verdrängung oder Unterwerfung und Inkorporierung des Ungleichen aus. In Unnachgiebigkeit liegt die Stärke aber auch die Schwäche von Kulturen. Die Aufforderungen der Kultur prägen einen Kulturkreis und entfremden diesen zugleich von den anderen. Kultur gewährt ein Maß an Bildung und Können. Es ist jedoch ein Armutszeugnis, wenn man wegen der Zugehörigkeit zu einem Kulturkreis auf Aristoteles, Konfuzius, Backer, auf Mark Twain, Nietzsche, Dostojewski, Bergson und andere nicht „kulturgleiche" verzichten müsste. Frei ist, wer ruhigen Gewissens sagen kann – ich bin ein Mensch, aus einem bestimmten Umfeld kommend, des blauen Planeten Kind, eben ein Erdling. Den Zugang hierzu gewährt allein das Bewusstsein.

Bewusstsein formuliert das Sinnvolle in einer Sprache, die universell übersetzbar ist, verknüpft Lebensinhalte ohne Zwang und unabhängig von der Abstammung. Über die Annahme oder Ablehnung der Bewusstseinsinhalte entscheiden nicht mehr angeborenen Triebe oder übergeordnete Kulturgebote, sondern der Wahrheitsgehalt, Erfolg und Erhebung über die Umstände.

Das deutsche Wort Bewusstsein rückt das Sein des Wissens ohne weitere Hilfestellung in den Vordergrund. Wo sein? Wie sein? Was sein? Andere Sprachen drucken präziser das Wesen des Begriffes aus: Со-знание, con-scientia, co-gnosis bedeuten wörtlich „Mit-wissen". Keine Frage, das Wichtigste am Bewusstsein ist das Mit-Wissen, Mit-Denken, Mit-Sprechen. Das „sein" im deutschen Wort Bewusstsein unterstreicht, dass kein bewusstes ohne gemeinsames Verwalten der Inhalte „existiert".

Bewusstsein gestaltet Satzungen des kollektiven Sinns. Jedes Lebewesen, das in Symbolen des Bewusstseins denkt, formt es stellvertretend für alle Wesen und nicht nur für seine Art-, Sonnen- oder Galaxieangehörigen. Die einzigen Hürden bleiben die Verfügbarkeit und das Verständnis der Inhalte.

Verfügbarkeit: Was nutzt die Satzung, wenn diese nicht vorliegt? Zum Aufbauen genetischer Erfahrungen sind Milliarden Jahre ununterbrochener Evolution notwendig. Zum Vernichten genügen wenige Sekunden. Mit jedem individuellen Tod bricht ein Evolutionsvorgang ab. Kultur ist sicherer, aber an eine kritische Masse angewiesen. Auch die Kulturen sterben aus und werden für immer unerreichbar. Das Wertvolle an der Satzung des Bewusstseins ist, dass diese fortbestehen, wenn deren Schöpfer schlafen, in Demenz verfallen, selbst wenn die ganzen Zivilisationen erlöschen. Der Tod tut dem Bewusstsein keinen Abbruch. Kaum aufgewacht saugt es die nützlichen Inhalte auf. Ausschlaggebend werden: die Tatsache ihres Bestands, die Auffindbarkeit und der Wille Bewusstseinsinhalte zu akzeptieren. Biologie, Molekulargenetik, Paläontologie, Archäologie, Linguistik und Geschichtsforschung erschließen für das Bewusstsein Inhalte fremdartiger aber auch ausgestorbener Lebewesen, Arten und Kulturen. Das Erhobene soll ruhig widerspenstig, verworren, ja abstoßend wirken. Was davon und wie genutzt wird, liegt allein bei den Suchenden.

Freie Meinungsäußerung erleichtert den Fluss von Bewusstseinsinhalten. Indizes, Computer, Internet, „künstliche Intelligenz" erleichtern die Auffindbarkeit und kompensieren biologische Schwächen des menschlichen Gehirns. Verstand verwaltet Inhalte. Je reifer die verfügbaren Satzungen und gescheiter der Verstand desto effektiver die Lösungen.

Die Gehirntätigkeit ist nicht gleichförmig, hat ihre Höhen und Tiefen. Der Verstand wird müde, lahm, klinkt sich aus, beginnt nach dem Schlaf oder der Geburt von neuem. Jedes Aufwachen, ob nach dem Schlaf oder nach einer Geburt, startet mit dem Einlesen verfügbarer Informationen der Gene, Wahrnehmungen und Erinnerungen. Diese sind zunächst zusammenhangslos und müssen beim Hochfahren geordnet werden. Dabei wird der Unterschied zwischen Lesen und Verstehen klar. Lesen bedeutet Zeichen für Zeichen, Wort für Wort die Satzungen zu entziffern. Verstehen bedeutet den Ausgang, die Zwischenergebnisse und das Resultat der Satzungsinhalte vorauszusehen. Der Verstehende ist bei Gleichwertigkeit der Satzungen dem Befolgenden stets im Vorteil.

Was ist erforderlich zum Verstehen?

Zunächst das exakte Durchlaufen der Anweisungskette, Erleben der Zwischen- und Endergebnisse, später das Erkennen schon an den ersten Schritten, was die analogen Ketten ankündigen und zuletzt die Fähigkeit, im Vorfeld die Satzungen so zusammenzustellen und zu verketten, dass die Resultate den Wünschen entsprechen.

Das Sichaufrichten

Das Reifen nach der Geburt beginnt mit dem Einlesen von Satzungen, die dem Baby, dem Kind, dem Jugendlichen im bisherigen Leben nie begegnet sind, deren Folgen sie nicht beurteilen können und deren Aufforderungen im Widerspruch zu ihrer bisherigen noch begrenzten Lebenserfahrung stehen. Um Folgsamkeit zu gewähren, werden die Weisungen des Reifens durch eine Hierarchie von Wertungen biologischer, kultureller und sprachlicher Zwänge und Forderungen gestützt. Wertungen beinhalten sowohl Verlockungen als auch Strafen. Folgt der Zögling den Weisungen, wird er belohnt, weicht der Organismus von dem vorgezeichneten Weg ab, so wird er streng zurechtgewiesen. Je uriger die Erfahrungen, desto unnachgiebiger. Die Strenge der Züchtigung nimmt von den genetischen zu den biologischen, kulturellen und zuletzt geistigen Satzungen ab. Die Bedeutung steigt in der umgekehrten Reihenfolge. Wo der Verstand versagt, walten jeweils tiefere und zugleich unnachgiebige, da festgefahrene Beweggründe.
Die Übermacht vorgefertigter Satzungen schmälert nicht die Rolle des Verstandes. Die eigentliche Bedeutung der Intuition, des Denkvermögens, der Eingebung wird jedoch erst sichtbar, wenn die verfügbaren Antworten versagen. Bei reibungslosem Ablauf der Kinder- und Jugendzeit führt der sich immer wieder erweisende Vorteil der bestandenen Satzungen gegenüber unbeholfenen Regungen der Selbstbehauptung, zur Neigung, sich auf diese blindlings zu verlassen. Das automatische Befolgen von Satzungen ist bequem und gut solange die Eventualitäten recht oder schlecht abgedeckt sind. Wächst man über die Grenzen hinaus, die von Vorfahren erkundigt wurden ist es nicht mehr der Fall. Stellt man sich nicht auf das Unbekannte rechtzeitig ein, wird das Erwachsensein als Verlust von Illusionen empfunden. Bleibt man auch dann unbelehrbar, wird das Altern nur noch zu einem einzigen Frust. Bequemes Leben rast vorbei, unmerklich da unbeteiligt, und endet niemals befriedigend. Anders, wenn der Verstand

schon nach den ersten Schritten einspringt, sich anstrengt, prüft, vergleicht, und mit jedem noch so kleinen Erfolg der Umgestaltung, seine Selbstständigkeit gegenüber dem Gewohnten ausbaut. Das Gegebene ist gut, könnte es aber noch viel besser sein? Verstehen befreit von der Alternativlosigkeit des Befolgen-Müssens, improvisiert mit Möglichkeiten, multipliziert die Wirksamkeit statt sklavisch den überholten Vorschriften und Urteilen zu dienen.

Einander finden

Das Leben nimmt sich keinen Anstoß an klein und groß, gemeinsamen und individuellen, oben und unten. Selbst das primitivste Lebewesen, wie das kleinste Virus, besteht aus mehreren heterogenen Komponenten, die verschiedenen Zwecken dienen und abgestimmt werden müssen. Bei flüchtiger Betrachtung des öffentlichen Lebens drängt sich dagegen die Frage auf – wo sind da Bündelung, Koordination, Einklang? Alle rennen hin und her, jeder tut das Seine, komme was wolle? Wie soll Gemeinschaftssinn durchkommen, wenn dieser schon an dem banalen Streben zur Selbsterhaltung zerbricht? Die Behauptung, Selbsterhaltung widerspreche dem Gemeinnutz, ist falsch.

Selbsterhaltung ist die Notwendigkeit all das zu schützen, was für die eigene Entfaltung kritisch ist. Gepflegt und erhalten wird nicht der Zustand, sondern Mitteln, die das Vorankommen ermöglichen. Je weiter sich das Leben ausstreckt, desto größer ist der Umfang des hierfür Notwendigen, aber auch umso größer sind die Möglichkeiten, den Aufwand zu begleichen. Ein Spaten ist leichter instand zu halten als ein Bagger. Mit dem Bagger lässt sich jedoch mehr anfangen. Leben, das sich dem Pflegen des Übergreifenden verpflichtet, bekommt einen Bonus der Weitsicht.

Bei unteren Entwicklungsstufen, wie einem Virus, erstreckt sich das Selbsterhaltungsstreben auf eine Sequenz von Virusgenen und Proteinen, beim Bakterium auf die Bedienung seiner Organellen, beim Mehrzeller auf die Funktion des Verbandes. Das Neugeborene wiederholt die Erfolge seiner Evolutionsgeschichte. Seine Vorstellungen vom Selbst und seine Ansprüche wachsen mit ihm. Zunächst verweilt das Embryo strikt bei den genetischen Abläufen, Koordination und

Unterhaltung einzelner Zellen und Geweben. Für mehr reicht es nicht. Mit dem Ausreifen zum Kind und Jugendlichen kommt die Pflege des Könnens, der Kultur und Bewusstseinsinhalte hinzu. Selbsterhaltungsansprüche entsprechen dem jeweiligen Stand der Entwicklung. Kultur führt das Individuum über seine biologische Vorbestimmtheit hinaus. Das Bewusstsein verleiht Macht über das All, die Zeit und Vergänglichkeit und zwingt es wiederum, sich um die ideellen Inhalte zu kümmern. Gewiss bedeutet dieses Sich-Kümmern zusätzliche Sorgen aber auch die unermesslichen Quellen der Energie und die Siegesfreuden.
Mit fortschreitender Reife wachsen die Selbsterhaltungsansprüche, der Bestand dessen, was die Einsicht für erhaltenswert hält und zu seinem Eigentum zählt. Selbstverständlich ist dabei nichts. Wer bei den „niederen" Regungen und Trieben steckenbleibt kann den Gemeinsinn gar nicht verstehen, wendet sich in seiner Beschränktheit dagegen und tut schließlich sich selbst weh, ohne dem Gemeinsinn wirklich zu schaden. Der Selbsterhaltungstrieb weist jedem den ihm gebührenden Platz zu. Treffen zwei biologische Ansprüche auf den gleichen unmittelbaren Gewinn, so verwickeln sich diese in ein sinnloses Kräftemessen, sofern der Umfang des Gewinns begrenzt und unter den Ansprüchen der Kontrahenten liegt. Zwar kann einer dem anderen etwas abjagen, dies ist jedoch ein vorübergehender, dem Zufall überlassener Erfolg und durch vergeudete Kräfte aufgewogen. Kommt es zu keinem einseitigen Gewinn, stemmt Engstirnigkeit die Engstirnigkeit und betoniert den Stillstand. Der Klügere gibt nach, weicht der Auseinandersetzung aus und gewinnt dennoch. Visionen, die dem Einzelnen neuartige Möglichkeiten erschließen, machen den Streit überflüssig. Gewiss muss man die Überlegenheit erst erreichen, dem Zank ausweichen und von der Anfeindung unbeirrt voranschreiten können, ein Vorgang, der sowohl in der Evolution als auch während der Persönlichkeitsbildung seine Zeit beansprucht.
Während die schmalere Sicht ihre Kräfte in Auseinandersetzung mit der Banalität verbraucht, weicht die Weitsicht in die freien Räume aus, wächst, entfaltet sich. Mitunter führt die breitere Sicht die schmalere zum Katalog ihrer Erhaltungsansprüche zu. Nicht Toxine, Gifte, Muskeln und Zähne, Soldaten, Armeen, Waffen oder Maschinen messen sich – „Krieg" ist immer „Krieg" der Vorstellungen. Gewalt ist das Maß der Unreife von Kontrahenten.
Die Einsicht von Infektionserregern oder Krebszellen ermöglicht gera-

de ihre eigene Teilung und Vermehrung. Diese Zellen sehen kaum etwas jenseits von Weisungen ihres Genoms. Sie sind auf die günstigen Umstände angewiesen, können diese aber weder herbeiführen noch kontrollieren und müssen geduldig warten bis sich eine Gelegenheit zur Ausbreitung ergibt. Die Weitsicht des Bewusstseins stützt sich auf spezielle hochentwickelte Organe der Wahrnehmung und des Denkens, begehrt Bücher, Kunst, kann davon nicht satt werden, gibt dabei für ideelle, nichts wiegende oder fassbare Werte reale körperliche Kraft aus. Ja, Infektionserreger und Krebszellen können Unheil anrichten, doch nur wenn die Umstände sie in die passende Position bringen und solange das Bewusstsein kein Gegenmittel gefunden hat.

Das Vereinsleben

> *I have a dream that one day this nation will rise up, and live out the true meaning of its creed: 'We hold these truths to be self-evident: that all men are created equal.*

Der Verein ist eine Gruppe von Individuen, die ausgehend von bestimmten Satzungen koordiniert agieren.
Not und Erhebung verkitten Vereine: die widrigen Umstände erzwingen Zusammenschluss, um Unheil zu mindern, Visionen führen die Menschen zusammen, der besseren Zukunft wegen.
Verwandlung verwitterter Böden zu fruchtbarer Erde mit kunstvoll angelegten Irrigationskanälen, Erschließung der Ferne zu Fuß, zu Wasser oder mit einem Wagen, das Streben nach gleicher Würde aller Menschen - Visionen sind in ihren Anfängen keine Gewissheiten. Sie müssen in die einzelnen Taten, Verhältnisse, Bindungen entsprechend dem jeweiligen gesellschaftlichen Entwicklungsstand umgemünzt werden und dies nicht für Alle und auf alle Zeiten, sondern jeweils für viele Einzelne und für jeden Augenblick angepasst. Das Material mit dem man dabei zu tun hat ist alles andere als rein, edel und nachgebend. Die Arbeit bei der man sich Hände schmutzig macht, muss dennoch gemacht werden. Leben jedoch kein Leben, hätte dieses hierfür keine wirksamen Hilfen und Stützen parat.

Das individuelle Weisungsrecht

> Un mauvais general vaut mieux que deux bons (Ein mittel-
> mäßiger General ist besser als zwei gute).

Führung bedarf Eindeutigkeit. Auf der biologischen Ebene wird die Eindeutigkeit der Anweisungen durch Bezug auf einen einzigen Gensatz erreicht. In ihren Anfängen, lehnten sich soziale Verbände an die Biologie an und überließen die Koordination dem individuellen Weisungsrecht (Единоначалие). Das Ego mag primitiv sei. Es ist in dessen Einseitigkeit hartnäckig und lässt nur die eigene Stimme gelten. Bei den ersten menschlichen Stadt- und Staatgemeinschaften, verlief die Zentralisierung ähnlich wie im Bienenvolk oder im Ameisenstaat. Sobald die neue Führung steht, werden alle Anwärter ungeachtet einstiger Beziehungen ausgemerzt, gleich ob es sich um Vater, Mutter, Onkel, Schwester oder Bruder handelt.

Die menschlichen Vereine sind breiter und zugleich offener als Insektenstaaten. Zu den Anwärtern zählen nicht nur die inneren Prätendenten, sondern auch alle Häuptlinge benachbarter Gemeinschaften. Ausmerzung oder Unterwerfung aller, die an die Macht prätendieren konnten, erfolgt entsprechend der Länge des richtenden Armes eines egozentrisch gelenkten Verbands. Je größer und kräftiger der angeführte Verein, desto weiter wirft er den Schatten seiner Herrscher. Der Herrscherwechsel bedeutet daher unweigerlich den innenpolitischen, wie auch später, nach der Konsolidierung, den außenpolitischen Eroberungskrieg. Das Lebenswerk von Tamerlan, Alexander dem Großen, Caesar, Napoleon, Hitler und anderer Egomanen dokumentieren biologische Mechanismen der egomanischen Zentralisierung. Das Führerprinzip war der letzte großangelegte Versuch dieser Art, einer niemals endenden Reihe. Jeder noch so kleiner Chef versucht sich darin, kommt allerdings heutzutage nicht sehr weit.

Die enormen Unkosten einer Ausmerzung lassen sich nur unter bestimmten sozioökonomischen Voraussetzungen begleichen. Um dies zu tun, muss die gewonnene Egozentrierung spürbare Vorteile vorweisen. Mit der wachsenden Komplexität der Gesellschaft wird dies immer seltener der Fall. Daher geht die Brutalität der Zentralisierung in der Geschichte zurück. Ihr fehlen einfach die notwendigen Kräfte. Die Egozentrierung bleibt aber weiterhin bestehen. Modernen Demokratien tragen alle typischen Merkmale des archaischen egozentrischen Weisungsrechtes. Genau wie in den Monarchien läuft hier die Pyramide der Macht auf einzelne Stimmen des Präsidenten, des Kanzlers, des Generalsekretärs zu. Der Unterschied zwischen den einstigen Regierungsformen und modernen Demokratien liegt in der Weise, wie man zur „ersten" Stimme gelangt, der Dauer für die diese gilt, und den Konsequenzen mit denen man bei Nichtbefolgung ihrer Weisungen rechnen muss.

Die archaischen Regierungsformen bevorzugten eine Auswahl der Weisender aus einem sehr engen Kreis von Anwärtern und Bevollmächtigten. Nicht ohne Grund. Mit jedem Wechsel eines Regierenden müssten potentielle Anwärter und ihre Gefährten ins Jenseits gedrängt werden.

Bei Tyranneien genügte es, eine Regierungsclique zu eliminieren. Das „Volk" war nicht beteiligt und nahm vom Machtwechsel oft keine Kenntnis. Je größer die Anwärterschar und deren Hof an Anhängern, desto heftiger müsste der erforderliche Kahlschlag ausfallen. Bei Demokratien ist dieser Pool enorm und schwer zu bewältigen. Das individuelle Weisungsrecht demokratischer Regierungen schließt Zugriff der Weisenden auf das Leben der Untertanen aus und bleibt in seiner ursprünglichen Form nur in den Armeen und nur für besondere existenziale Umstände vorbehalten.

Das Einspannen des Egos für die Zentralisierung der Führung führte dazu, dass die bisherige Geschichte, nach außen gesehen, ein Ringen von Eitelkeiten darüber darstellt, wer Beschlüsse fällen und wer diese wie zu befolgen hat, mit anderen Worten darüber, wer wem was zu sagen hat. Das ist sie nicht.

Wie bedeutsam die Eindeutigkeit der Führung auch ist, entscheidend ist allein, wie gut diese bewusst oder unbewusst den Interessen des Verbandes dient. Und hier hapert es bei dem individuellen Weisungsrecht. Selbst bei besten Anlagen, kann der Einzelne nicht alle Aspekte der Gemeinschaft überblicken und sachgerecht regeln. Abhilfe wird durch Gesetze und Beschluss vorbereitende Gremien erreicht: Parlament, Oberkommando, Verfassungsgerichte etc.. Spezialisten auf allen Ebenen und für jede Gelegenheit, vertiefen sich in die einzelnen Aspekte der Wirklichkeit, um diese möglichst umfassend abzubilden. Diese präzisieren, ergänzen und überprüfen Beschlüsse detailgetreu und legen sie erneut dem Weisenden zur Bestätigung vor. Allerdings besitzen sie selbst kein eigenes Weisungsrecht und sind im Grunde wandernden Auskunftsbücher. Ist der Weisende zur Vertretung gemeinsamer Visionen nicht fähig oder willig, so verkommt das individuelle Weisungsrecht zu Arroganz gleich welche Berater ihm zu Hilfe stehen. Der Erfolg schwindet, und mit ihm, die Unterstützung. Die Egomanie tritt in Widerspruch zu der Legitimität. Leiden tun dabei alle. Gewinner sind die dritten, all diejenigen, die außerhalb stehen oder sich stellen. Nichts ist so verheerend für den egozentrierten Verband, wie ein falscher Mensch an der richtigen Stelle. Die modernen Regierungsformen suchen den Erbfehlern des Egozentrismus zu entgehen. Hierfür begrenzen sie die Regierungszeit auf eine definierte Periode, stellen Fortsetzung der Regierung in Abhängigkeit von der Zufriedenheit der Wähler, schränken die bestehende Führung durch Regeln der Amtsenthebung ein. Je komplexer die menschlichen Ziele und Beziehungen sind, desto schwieriger ist es jemanden zu finden, der der Machtvertikale gewachsen ist. Der häufige Regierungswechsel muss also keine Verbesserung bringen.

Faust und Schöpfung: Wenn viele Stimmen durcheinanderreden und jeder nur sich selbst zuhört, kann es keine Einigkeit geben. Eine Faust, die alle anderen zum Schweigen bringt und das Erhören erzwingt, beseitigt das Chaos. Ob die einkehrende Ordnung an sich gut ist, sei dahingestellt. Selbst die schlechteste Ordnung ist besser als ein Durcheinander.

Die Kreativität geht anders vor. Während alle durcheinanderreden, bemüht zu zeigen, wie überaus toll sie sind, und sich gegenseitig die Köpfe einschlagen, entzieht sich die Kreativität leise und unbemerkt sowohl dem leeren Geschwätz wie auch dem Schlagabtausch, macht sie sich auf den Weg, sucht Ansätze, die über den Augenblick hinaus wirken, tut ohne viel Gerede das, was sie für richtig hält, leistet Großartiges und gewinnt andere für die Sache durch das Beispiel und die Mittel des Erfolgs.

Die Kompetenz: Die Faust ist ein Notbehelf bei Sterilität einzelner Absichten. Menschen auf der Wanderung brauchen keine andere Führung als eine Karte, das Ziel und das Können. Man muss zwar einiges: Kleidung, Raststätten und Vorräte vorbereiten, die Absprachen wie auch eine Verkehrsampel funktionieren jedoch bestens ohne Peitschenhiebe des individuellen Weisungsrechts. Entscheidend für komplexe Aufgaben wie das Dirigieren eines Orchesters ist die Autorität des Könnens.

Auf den ersten Blick besitzt das Können keine Druckmittel, kein Ego, kein Strafmaß hält kein Zepter, trägt keine Prachtgewänder, blickt nicht vom Thron herunter. Ihr Äußeres ist unscheinbar und frei von Plunder. Wozu auch? Entscheidend für die Kompetenz ist das Gewicht des Geleisteten das man in seinem Rücken weiß und auf die man jederzeit zugreifen kann.

Die Kontinuität

Sowohl individuelles Weisungsrecht wie Kompetenz können sich selbstständig durchzusetzen. Die individuelle biologische Zeit ist jedoch viel kürzer bemessen, als beide sich zum Etablieren brauchen. Die Gemeinschaft kann nicht warten bis jemand heranwächst. Zwecks Kontinuität wird daher die Führung nicht erworben, sondern übertragen. Die Grundlage der Übertragung bildet die Autorität.

Autorität ist das Kapital des Vertrauens, das man den Verheißungen einer bestimmten Quelle entgegenbringt und setzt sich aus dem Umfang des bisher Geleisteten noch mehr denkbar Möglichen zusammen. Das Problem der Autorität ist ihre rückwärts Bezogenheit. Wird die Überlegenheit für jedermann sichtbar, ist das zugrundeliegende Können deren Fahnenträger meist längst hin.

Unter diesen Umständen ist es oft unmöglich eine zukunftsträchtige Führung vorauszusehen. Der Zufall, der die bestehende Regierung nach einer formellen Regel austauscht und Alternativen eine Chance gibt, wirkt dem entgegen. Moderne Staatssysteme nutzen dieses Prinzip. Jeder Führung muss demnach nach einer definierten Zeit zur Probe gegen eine unbekannte Figur von Anwärtern ausgetauscht werden, gleich ob die Zustimmungswerte der bestehenden Regierung hoch oder niedrig sind. Die Unschlüssigkeit der Verbandsmitglieder bietet das Sprungbrett bei den Abstimmungen über das Unbekannte. Obwohl die probeweise Übertragung der Verantwortung oft voll danebengeht, bewährt sich diese statistisch gesehen auf lange Sicht.

Verantwortung: Der Mensch, der seine Werte dem Bankier bringt, bescheinigt, dass er damit nichts Sinnvolles anfangen kann und von der Fremdverwaltung Besseres erhofft. Der Mensch, der sich freiwillig in fremde Dienste stellt, tut dasselbe. Niemand will seine Kräfte vergeuden. Viele ziehen es vor, wenn dies günstig ist, sich den Anderen gewinnbringend anzuschließen. Die einen führen, die anderen schließen sich an, oft beides zugleich: führen in dem, wo man sich sicher ist und was man für notwendig hält, folgen in dem, was man sich nicht zutraut oder für nebensächlich erachtet.

Verantwortung ist der Tausch elner fremden Mitwirkung gegen einen Teil seiner Glaubwürdigkeit. Man wirft das eigene Ansehen, Vermögen, Sicherheit in die Schale und geht das Risiko ein, diese zu verwirken.

Wer sich auf fremde Mitwirkung stützt, muss mit deren Ansprüchen leben. Die Ansprüche regeln das geltende Recht, Moral, Traditionen und individuelle Erwartungen der Teilnehmer. Oft werden gegenläufige Ansprüche aneinandergekoppelt, unübersichtlich und gegenläufig ineinander verschachtelt, wie übrigens in jedem länger bestehenden Betrieb zu sehen ist. Die Verantwortung für bestehende Verhältnisse zu übernehmen ist daher nicht immer eine Bereicherung, sondern schwerste Arbeit und bedarf besonderer Gaben.

Etwas Besonderes zu sein oder die Anmaßung hierzu sind nicht eins. Die Belanglosigkeit und Einbildung drängen sich störend auf allen Ebenen des Verbandslebens vor. Jede Gemeinschaft muss daher Reinigungsmechanismen gegen Anmaßung und Ignoranz besitzen. Üblicherweise dienen Abschreckungen hierzu. Abschreckung hält Belanglosigkeiten zurück. Die Strafen sind nach den zu erwarteten Folgen abgestuft: Peinlichkeiten, Ächtung, Mittellosigkeit, Armut, Verbannung, Kerker, Henker oder Guillotine und zwingen Menschen sich Entscheidungen zweimal zu überlegen, bevor sie einzelne Verbindlichkelten eingehen.

Die Abschreckung schützt vor Anmaßung, nicht aber von der Inhaltsleere. Die Tyrannen sind geköpft, ihre Nachfolger bieten ein jämmerliches Bild und bringen ein noch größeres Übel. Die Wahlen sind nach besten Regeln und Absichten abgehalten, doch es bilden sich viele zerstrittene Gruppen ohne gemeinsame Führung und keine Regierung ist von Bestand. Das Parlament hat debattiert, findet aber keine Einigung und kann nur ohnmächtig zusehen, wie alles aus dem Ruder läuft. Die Regierung tut ihr Bestes und wird verspottet. Wieso kommt es mitunter zu keiner Gemeinschaftsbildung, obwohl alle Hebel in Bewegung gesetzt und alle Regeln erfüllt sind?

Weil Form noch kein Inhalt ist. Vielseitigkeit und Vielköpfigkeit sowie die Reife gesellschaftlicher Institutionen können die angemessenen Visionen, den Sachverstand und das Können nicht ersetzen. Fehlen diese, dann zerfällt die Gemeinschaft in einzelne, nach eigenem Gutdünken wirkende Gruppen. Da es viel mehr Irrtümer als Lösungen gibt, ist solcher Tippelvorschreiten alles andere als ein genehmer Spaziergang.

Politik

In Zeiten der Verunsicherung und der Ratlosigkeit gewinnt banale Größe der Gefolgschaft und Durchschlagskraft einen Vorrang. Zur Mobilisierung der Anhänger dienen Räte, Wahlen, und Pyramiden der Polarisierung.

Rat: Das Wort Rat hat viele Bedeutungen: der Rat als einzelne Mitteilung, der Rat als Vorgang des Austausches, sich gegenseitigen Anhörens oder des gemeinsamen Rat-haltens, der Rat im Sinne des Abwägens. Gemeinsam an allen ist das Ringen um die Zustimmung. Räte testen Annehmbarkeit der Visionen im kleinen Kreis jedoch stellvertretend für viele. Sowohl die Zusammensetzung wie Qualität der Räte ist wichtig. Guter Rat ist teuer.

Die verwendeten Namen und die Definitionen waren eine Frage der Tradition, der Umstände, der Kuriositäten der Geschichte: Besprechung, Beratung, Versammlung, Zusammenkunft, Konferenz, Sitzung, Tagung, Workshop, Consilium, Brainstorming, Kundgebung, Plenum, Wetsche Parlament, Convent, Kammer.

Wahlen: Was der Rat im Kleinen zusammenfasst, prüfen die Wahlen in der Breite. Die Behauptung die Wahlen dienen einer freien Willensäußerung der Wähler ist falsch. Die Freiheit der Willensäußerung setzt Kreativität voraus. Diese fehlt bei den Wahlen vollständig, da nur über bestimmte Aspekte abgestimmt wird. Wahlen erfüllen einen anderen Zweck. Bei Wahlen werden einzelne Vorstellungen an Menschen herangetragen, um die Menschen dafür zu gewinnen und eine tätige Mehrheit zu konstruieren.

In den früheren Epochen und überall dort wo die Meinung der Mehrheit missachtet wurde, erfüllten Gerüchte die Rolle der Wahlen. Gerüchte streuten alle denkbaren und undenkbaren Themen unter die Menschen. Nachricht, Ereignis, Aufruf dienten als Anlass. Ob der Anlass wahren Tatsachen entsprach oder nicht, spielte keine Rolle. Von der Existenz von Luthers Thesen an der Kirchentür fehlt bis heute jeder geschichtlich verbriefte Beweis. Je nach der Bereitschaft den

Gerüchten zu glauben, offenbarten die Mehrheiten ihre Stimmung und brachte ihre Absichten auf eine mitunter sehr blutigen Weise zur Sprache.

Die Rangpyramiden der Polarisierung sind ein altes, einfaches und wirksames Prinzip. Licht und Finsternis, Reichtum und Armut, Herren und Sklaven werden zu Gegenpolen verkündet. Der Missionar, Führer, der Aktivist wird danach beurteilt wie viele Anhänger er dank seines Einsatzes der Pyramidenbasis zufügt, die wiederum innerhalb der bestehenden Pyramide als Bekehrer wirken und ihre eigenen Segmente von Unter-Pyramiden ausbilden. Die christlichen Kreuzzüge, die Eroberungswalze des Islams, der nationalsozialistischer Vernichtungskrieg aber auch banale Finanzpyramiden, die dem Deutschen besser als Schneeballsysteme bekannt sind, sind markante Beispiele von Polarisierungspyramiden.

Die SA demonstrierte, wie man aus dem Nichts eine Massenbewegung stampft. Gruppe (Dutzend) Trupp, Sturm, Standarte, Brigade, Gausturm in mehreren Variationen sind zunächst auf verzweigte Kettenreaktion der Erweiterung angelegt und von glühenden Hass-Liebe erfüllt. Menschen schließen sich denjenigen Bewegungen an, die den meisten Einfluss ausüben und das schnellste individuelle Vorankommen versprechen.

Die Mittel für die Unterhaltung des Pyramidensystems werden aus dem Umverteilen der gewonnenen Macht, Stellungen und des Vermögens bezwungener politischer Gegner bezogen. Egozentrismus hat Hochkonjunktur. Das „Finden" des Schuldigen dient als treibende Kraft des Zusammenhalts. Ist die Polarisierung abgeschlossen, so ist diese zugleich ihrer inneren Antriebsfedern beraubt und muss sich der Legitimierung stellen, die Woge ebbt ab, schwappt über die Grenzen oder zerbricht.

Legitimation:

Legitimation ist der Umfang einer Identifizierung: Erwartungen, Opferbereitschaft, der Vertrauensvorschuss den Zielen und der Führung des Verbands gegenüber. Diktatur ist nicht minder als die Demokratie an die Legitimierung angewiesen. Man sieht es an der tatsächlichen Häufigkeit des Regierungsaustausches. Dieser war bei Diktaturen nicht seltener als bei den Demokratien, oft häufiger. Wie es zum Wechsel kam war nebensächlich. In der Geschichte wurden Umstürze oft von einer kleinen Gruppe von Verschwörern kanalisiert, die die Befindlichkeiten der Massen zum Ausdruck brachten. Messer, Gift, Pistole, Strick, Kopfkissen aber auch Geheimabsprachen zeigten sich für Palastrevolten dienlich. Bestand keine Einigkeit unter den Verschwörern und im Land, so wurde die Macht einfach von äußeren Kräften zerschmettert.

Der Verband lebt von Visionen, die er für Mitglieder erschließt. Siecht die Ausbeutung kränkelt der Verband, läuft die Ausbeutung aus stirbt der Verband. Weder seine bisherige Größe, noch Besonderheiten der Organisation schützt ihn davor nicht.

Die Heterogenität des Verbandlebens überlässt dem Einzelnen vielfältige Möglichkeiten für den Manöver innerhalb der Verbandshierarchie. Beschönigungen, Bestechungen Stimmenfang, Bedrohungen und Nötigung sind allgegenwärtig. All diese Mühen und Tricksereien mit dem Ziel die Decke an sich zu ziehen ändern an dem Verband nicht mehr als die Brownschen Bewegungen einzelner Moleküle an der Zustand der Materie ändern.

Besonders deutlich ist das bei der Warenproduktion. Auf einer Seite stehen Unternehmer und Aktiengesellschaften, auf der anderen die Kunden. Was die Unternehmer von sich halten, was sie vormachen und proklamieren ist egal. Die Bestätigung findet durch die Kundenbörse statt, die sich für die Produkte entscheidet und somit einzelne Wirtschaftsunternehmen fördert oder abstraft.

Genauso geht es in der Politik zu. Das Für-und-wider politischer Prozesse folgt nicht den Bekundungen, Beschlüssen und Wahlergebnissen, sondern der Umsetzung von Lösungen. Entspricht die Umsetzung den Erwartungen oder überbietet gar die Erwartungen (auch wenn diese nicht ausgesprochen wurden, nicht formuliert, nicht beschlossen), so löst diese Begeisterung und Identifizierung aus. Menschen reagieren, als würde man ihnen die Augen öffnen, ihre unausgesprochene Gedanken und Sehnsüchte erfüllen. Die Art und Weise, wie der Einzelne sich in das gemeinsame Tun einbringt, ist zugleich seine Stimme, sein Wahlzettel, sein Beitrag. Decken sich die Folgen des Verbandslebens nicht mit den Erwartungen der Mitglieder, so werden Menschen von Gleichgültigkeit erfasst, reagieren mit passiven, unsichtbaren und unkontrollierbaren Widerstand, schauen weg, suchen die Weite oder regen sich auf, werden ausfallend, handgreiflich. Die Maschinerie der Verwaltung, Kontrolle und Unterdrückung strengt sich immer mehr an, läuft auf vollen Touren und schafft immer weniger.

Ist denn ein Vergleich von Politik und Wirtschaft zulässig? Zwingt nicht die Politik die Mitglieder, ihr die Entscheidungen abzunehmen? Ach wie gern hätte sie dies.

Ich kann mich noch bildhaft an die Räte in der späten Sowjetunion der 80er erinnern: Endlose Gespräche über nichts und wieder nichts. Worte, Worte, immer wieder Worte, mitunter Geplänkel. Am Ende eine formale Abstimmung über Fragen, die niemanden interessieren und ängstliches Auslassen von Themen, die jeden angehen, Ärger über fehlende Bereitschaft, das Offensichtliche zu sehen, Verdrossenheit über die Gleichgültigkeit, schwellendes Misstrauen aller gegen alle, ein Stillstand in allem. Etwas Vergleichbares sehen wir heute in den amerikanischen Staaten und im EU Parlament. Jeder kann sich an solche Zusammenkünfte aus der Gegenwart in Räten der Gemeinde, Sitzungen der Bürgerämter, Parlamente oder Fachkreise besinnen. Die Missverständnisse, Zerwürfnisse und Langweile der Zusammenkünfte sind allgegenwärtig. Sie treten auf, wenn Visionen degradieren und der Rat, die Politik, das Unternehmen zur Rechtfertigung schmalspuriger Interessen verkommt. Kopflose Beschlüsse werden durchgedrückt, erhalten zuweilen das Label eines Gesetzes, allein, genau wie sinnlos produzierte Waren, werden solche Beschlüsse von den Menschen nicht angenommen, ignoriert, sabotiert. Die Macht, die diese durchsetzt, tritt auf der Stelle, verliert das Kapital des Vertrauensvorschusses und wird auf diese oder andere Weise zur Verantwortung gezogen. Indes ziehen die Menschen weiter, einzeln und in Gruppen, suchen nach Auswegen. Wo und wie findet man eine richtige Lösung?

Dem Finden sind gerade Gedränge, Lärm und Fülle an aufdringlichen Äußerungen abträglich. Im Streit wird die Hypertonie geboren. Wahrheit bedarf der Stille. Auch die Hindernisse der Zuständigkeiten von Rangpyramiden stören bei dem Auffinden der Wahrheit, die nur in der unmittelbaren Beschauung erreicht werden kann. Man lauscht viel genauer verschiedenen Stimmen, wenn man auf einer Parkbank sitzt und mit den Beinen baumelt, wenn man die Straße entlang wandert und nachdenkt; wenn man schreibt, liest, vergleicht; wenn man handelt, sich an den Vorbildern misst und aufrichtet, Freunde sucht, Verbände gründet oder sich den bestehenden Verbänden anschließt. Die Lösungen findet man nicht in der Diskussionshitze, oder in Elitegruppen, sondern in dem Bewusstsein und dem Gewissen einzelner. Der Wahrheit steht ein unschätzbarer Freund zur Seite – die Nachhaltigkeit. Die Rüdheit des egomanen Weisungsrechts, das Übergewicht der ausgehöhlten Autorität, die entwaffnende Detailliertheit und Trockenheit des Sachverstandes, die unendliche Verzweigungen von Korridoren der Rangpyramiden können den zarten Trieben der Nachhaltigkeit nichts antun. Zufällige Umstände können mitunter zum Unheil anschwellen, sie können über Zukunft nicht bestimmen. Das Wahre wie schwach es am Anfang auch erschient bleibt bestehen, bricht nicht ab, nimmt das bewahrte mit, baut unaufhörlich den Vorsprung immer weiter aus.

Die Scheinalternativen

Pfui! Ihr wollt in ein System hinein, wo man entweder Rad sein muß, voll und ganz, oder unter die Räder gerät!

So oder So-ziaismus: Die offensichtliche Wirksamkeit der Gene, Triebe, der Kultur, der Instrumente des Staates verleitet immer wieder dazu ihre Bestimmtheit als universelles Mittel zur Durchsetzung von Ideen unabhängig von ihrem Inhalt und Richtigkeit einzusetzen. Dies geht nicht gut. Wahrheit bedarf keiner Fürsprecher. Dummheit retten weder Geld noch Macht.

Wenn man das Böse verbannt, schwelgt man dann nur noch im Guten? Wenn man Kranke eliminiert, wird die Menschheit gesund? Wenn man Eigennutz ausrottet, wendet man sich dem Gemeinsinn zu? Wenn man etwas befielt oder von der höchsten Stelle anordnet, wird es dann auch gemacht?

Sozialismus und Kapitalismus, Privat oder Staatseigentum, Eigenes oder Fremdes sind Äußerlichkeiten. Sie sind vorübergehende Lösungen und unvollkommen wie die gegenwärtige Landwirtschaft und Tierzucht. Das Auseinanderreißen, Gegeneinanderspielen und die Antagonisierung von Privat-, Vereins- oder Staatseigentum ist falsch. Der Bestand von Eigenem und Gemeinsamem ist grundsätzlich und von der Evolution über Milliarden von Jahren erfolgreich getragen und umgesetzt. Das Recht auf Privateigentum ist der fortgeschrittene Mechanismus des Auflösens und der Neugründung der Verbände. Man geht aus dem Verband mit einem monetisierten, patentierten oder dinglichen Anteil des Erfolges heraus, den man dann nutzen oder in neue Verbände hineinbringen kann. Der Umfang, die Regeln sind zeitgemäß und steuerbar.

Ähnlich steht es mit den individuellen Rechten. Die Sicherung der Privatsphäre fördert nicht Egoismus und nicht Kriminalität. Die scheinbar widersinnige Eigenständigkeit der individuellen gegenüber den Gemeinschaftsrechten, die Abschirmung und der Schutz des Einzelnen von der Mehrheit räumen jedem Menschen die Möglichkeit ein, unvoreingenommen Ansichten zu formen, Bindungen seiner Wahl einzugehen und Verbände nach dem Ruf des Gewissens und Herzens zu bilden.

Das private Eigentum reguliert Mittel, privates Recht regelt Zeit und Raum, die das Individuum jenseits einzelner Verbände und Verbindlichkeiten zur Entfaltung nutzen darf. Duldung, ja Förderung des individuellen Eigentums und Privatrechts verhindert den gewaltsamen Umsturz als einzige verbleibende Möglichkeit des Voranschreitens und gewährt einen freien Fluss von Begabungen zwischen Unternehmungen und Verbänden. Wo die staatlichen oder ganz allgemein gemeinschaftlichen Strukturen funktionieren und die Ziele stimmen, kommt es zu keinem Zwist zwischen Privatem und Gemeinsamem, Lokalem und Internationalem. Tun sie es nicht, so können weder die private noch staatliche Führung, weder die Nationalisierung noch Internationalisierung daran etwas ändern. Entscheidend ist nicht wie man gesellschaftliche Systeme nennt, entscheidend ist die Freiheit und Offenheit mit der eine Vereinsbildung einhergeht und die Entfaltung aller fördert.

Krieg den Palästen

Friede den Hütten	Мы на горе всем буржуям
	Мировой пожар раздуем,
	Мировой пожар в крови —
	Господи благослови!

Ist es billig, Ungerechtigkeit zu dulden? Darf man zusehen, wie „Menschenrechte" (mitunter aber auch die Menschen selbst) geopfert werden? Wäre nicht eine Kriegserklärung an jede Unterdrückung wünschenswert und gerecht?

Ablehnung – Ja! Erschaffung von Besserem und Übernahme aller Willigen ebenfalls. Einmischung, Vernichtung, Ausrottung- eindeutig Nein! Krieg hat nur als Verteidigungskrieg einen Sinn und findet in dessen Verhinderung eine Vollendung. Freund-Feind Polarisierung ist ein Zeichen der Konzeptionslosigkeit.

Leben ist niemals vollkommen. Weit von der Perfektion entfernt, nutzt das Leben erfinderisch das Primitive zum Voranschreiten, bildet komplexe Organismen und deren Verbände aus äußerst widersprüchlichen Eigenschaften fern jeder eigenen Logik. Ob man etwas versteht oder nicht, akzeptiert oder ablehnt, jeder Verein verkörpert eine Mischung aus individuellen und allgemeinen Zwecken und erfüllt für die Angehörigen bestimmte Aufgaben. Viele von diesen Aufgaben sind einmalig. Bestehendes zu zerschlagen würde bedeuten, die Aufgaben des Verbands für deren Mitglieder zu übernehmen in einer ihnen fremden Weise und gegen ihren Willen. Oft bedeutet es deren Tod. Wie falsch, abartig und unannehmbar uns fremde Lebensweisen auch erscheinen, solange diese selbsttragend sind und uns nicht angreifen, ist die Einmischung widrig.

Schön und gut. Wenn man dabei zusehen muss, wie das fremde Leben erniedrigt, gemartert, genommen wird? Soll man auch da nicht einhaken? Die Fragestellung ist zu lebensfremd. Töten nicht Löwen das Wild, um zu überleben? Verhalten sich nicht Menschen ähnlich den Haustieren und Nutzpflanzen gegenüber? Alles Bestehende ist ein Provisorium. Einiges davon lässt sich nicht überspringen, solange nichts Besseres in Sicht ist. Der Mensch ist nun mal ein Parasit. Die Evolution hat ihm diese Rolle zugewiesen. Er hat daraus etwas Weiteres gemacht. Er nimmt nur den Tieren und Pflanzen das Leben, denen er zunächst das Leben schenkt und tritt dabei als Schöpfer auf. Sicher ist vieles daran zu verbessern. Jedoch Masttiere aus dem Stall ins Ungewisse zu treiben, nur weil man deren Eingesperrt sein für falsch hält, ist keine gute Lösung weder für die Menschen noch für die Tiere. Beide sind noch nicht reif hierfür.

Gerechtigkeit besteht darin, dass man in jedem Fremden einen potentiellen Verbündeten sieht und bereit ist, mit allen Menschen und deren Verbänden, auf den Gebieten, wo die Interessen zusammenfallen zu kooperieren. Nicht zwingen, töten, ausrotten, bekämpfen, maßregeln, sondern anziehen sollte man. Man soll das bessere Leben anstreben, erreichen, ausstrahlen und den Eintritt hierfür für jeden offenhalten. Wer freiwillig kommt, um sich einzubringen, ist willkommen und bekommt Platz und Schutz gewährt. Wer mit dem Schwert kommt, wird seine Klinge spüren.

DAS GRUNDGESETZ

Alle Macht geht vom Volk aus – steht in den meisten modernen Verfassungen.

Es ist kein Wunsch, kein Almosen an die „Massen", wenn auch Amtsinhaber den Satz genau so interpretieren, es ist auch keine Aufforderung, keine im Kampfe erworbene Errungenschaft, wenn auch von dem „Volke" so aufgefasst. Der Satz ist eine späte Einsicht, dass ohne Gemeinschaft nichts geht. Leben ist Gemeinschaft und Gemeinschaft entspringt dem Leben. Alle Macht geht vom Leben aus und dient dem Leben müsste es heißen.

Ein wesentlicher Teil jeder Verfassung definiert die obersten Organe, die Stellung des Präsidenten, Kanzlers, Bundestags, Parlaments, Rats, Obersten Gerichts, der Wähler und Bürger.

Der Abschnitt ist in der Regel sehr detailliert. Sieht man jedoch von den Einzelheiten ab, so weist die Benennung zentraler Organe lediglich auf den Weg der Entscheidungsbildung hin, benennt Instanzen und Etappen, hinter denen die Zweifel unzulässig sind. Das Individuum hat sich deren Weisungen zu unterwerfen, gleich welche Gegengründe es auch anführt. Polizei, Staatssicherheit und Dienste sorgen dafür.

Wir können uns ebenfalls kurzfassen: Das oberste organisierende Prinzip der Lebensbewegung ist das Bewusstsein der Wahrheit. Die oberste Befehlsgewalt liegt bei der Initiative. Die höchste Koordination obliegt der Autorität der Einsicht. Der oberste Richter sind das Gewissen und die Eigenverantwortung.

Was denn, eine Gesellschaft ohne Befehle, Weisungen, Druckmittel? Doch! Nur werden die letzteren wichtig und nützlich überall dort, wo die Einsicht fehlt. Der Generationenwechsel wird immer wieder Ignoranz hervorbringen. Die begierig Strebenden müssen angeleitet und das allzerfressende Ego zurechtgewiesen werden. Ohne Druck hinter bestandener Satzung ist keine Kontinuität der Erfahrung möglich. Allein sind der Zwang und seine Organe keine oberste Instanz. Sie springen ein, wenn die Schöpfung versagt. Sagt dir die Führung geh rechts, es muss aber links heißen – so musst du den Weg finden, um die richtige Richtung einzuschlagen.

Wären das Bewusstsein und das Gewissen nicht zu lasch? Staats- und

Parteiapparat, ja jede Administration besitzt ein breites Arsenal an Durchsetzungsmitteln. Gewissen und Denken wären im Vergleich dazu gar nicht streng, mitunter sogar sehr wohlwollend zu denen, die ihre Gebote überschreiten.

Irrtum! Vor dem Sinn des Lebens gibt es keinen strengeren Richter als das eigene Gewissen. Dieses allein sagt uns unverhohlen wo man ist und was man ist.

Wen kümmert die Selbsteinschätzung? Diese lässt sich nicht ummünzen. Ein Schutzschild bietet diese auch nicht.

Stimmt. Die Selbsteinschätzung ist keine Ware und hat keinen Verkaufswert. Man kann sich dahinter nicht wie hinter einem Gesetz verstecken. Das Gewissen, richtig zu liegen, wiegt viel mehr. Es gibt dem Leben die Freiheit, Unabhängigkeit und sogar das Selbst selbst.

Was aber wenn das Gewissen ein Irrtum ist?

Handelt es sich um eine Selbstverblendung, so wirft diese den Besitzer gegen die Mauern der Realität. Ist man im Recht, so nähert man sich Schritt für Schritt der Ewigkeit. Unabhängigkeit ist nicht das Fehlen von Druck und Straflosigkeit gegenüber Menschen und Umständen. Unabhängigkeit ist die Fähigkeit, den überholten Zwängen der Gene, der Körperlichkeit, der Kultur, des Sozialen und der Physis eine bewusste Wahrheit als eine bessere Option gegenüberzustellen. Wahrheit öffnet die Augen und erlaubt sich unversehrt zwischen den Zwängen und Drohungen zu bewegen.

Und die gesellschaftlichen Organe?

Die Organe wachsen ausgehend von den Bestrebungen und nicht umgekehrt. Sie festigen alles, was die Menschheit bisher ausgedacht und gestemmt hat. Die Lebensbewegung ist bemüht sich jeder bestehenden Struktur zu bemächtigen und zu gewinnen in dem maximal möglichen Umfange. Verachtenswert ist das Überholte, was das Bessere gegen das Gewohnte eintauscht. Dessen Anfeindung ist überflüssig, da es freiwillig Belanglosigkeit wählt.

Die Ziele

Der bei weitem umfangreichste Abschnitt jeder Verfassung ist der der Ziele, die zugleich Pflichten sind. Es ist unmöglich alle zu nennen, die im Zusammenhang mit dem Leben ins Bewusstsein steigen, wir wollen bei wenigen allgemeinen Feststellungen bleiben, die als Beispiele zum Verdeutlichen dienen.
Ziele der Lebensbewegung sind:

Das Sein, die Pflege der Körperlichkeit, die Entdeckung der Schätze der Evolution, die im Leib schlummern, das Anlegen von Wohninseln überall, wohin das menschliche Streben reicht von der Holzhütte im Urwald bis zur Raumstation auf den Saturnringen. Ein wertes oder unwertes Leben gibt es nicht. Jedes bestehende Wesen ist eine Zusammenfassung einer Milliarden Jahre langen Geschichte und schon Beleg genug, dass es lebenswert ist. Gewaltig oder schmächtig, bedachtsam oder flink, rau oder glatt, rund oder eckig: Gleichheit aller wird nicht angestrebt, und ergibt keinen Sinn. Wichtig ist, dass man jedes Leben aufmuntert und diesem hilft, mit dem einmaligen was es hat, in jeder Lage die Schranken der Physis zu überwinden. Was immer ein Lebewesen wo immer erreicht, erreicht es das für das gesamte Leben. Und wenn man versagt und aufgeben möchte? Auch das Versagen soll man respektieren. Jeder hat selbst zu entscheiden, wann er und was er aufgibt. Oft tut man es, um zu Gewinnen. Verzicht ist ein Teil des Strebens, das Unwesentliche freigibt, um noch höher hinaufzuschwingen. Sein ist ewig. Schlaf und Tod sind bloß ein kurzzeitiges Ausklinken des Bewusstseins.

Die Vervollkommnung bedeutet Verfeinerung der Sinne, Vertiefung der Bildung, Steigerung der Effizienz, der körperlichen Kräfte, die Fülle an Erlebnissen, die Leichtigkeit des Gelingens, den Verzicht auf Überflüssiges und Störendes. Die Möglichkeiten hierzu sind unerschöpflich. Ihre Aufzählung wird niemals vollständig sein und ist überflüssig. Selbst nach 5 Milliarden Jahren Evolution entdecken Menschen immer wieder das Nie-Dagewesene in sich und um sich. Sie reiten, laufen Schlittschuh, fahren Ski, surfen, tanzen im Windtunnel und bringen sich auf eine nie dagewesene Weise in die Wirklichkeit ein. Sie mahlen mit Farben, Steinen, Stoffen, Körpern, sogar Wasser und Windströmen. Sie gestalten Häuser und Landschaften, machen Musik, dringen in die Geheimnisse des Universums und krempeln dieses um. Sie fördern Unglaubliches zutage, als wären sie hierzu geboren. Und der Vorgang geht weiter und wird niemals enden. Nicht die Ausbeutung des Vorhandenen bis zum Umfallen, sondern die Stärkung der Durchschlagskraft, nicht das Ausfüllen der Zeit mit der Beschäftigung, sondern deren Vorwegnahme in jedem Alter der körperlichen oder geistigen Verfassung, sind wichtige Anliegen des Verbands.

Die Gegenseitigkeit

Unwissend, wem die Zukunft gehört, setzt das Leben nicht alles auf ein Pferd und gewährt so den Vorpreschenden das Sein und Tun, besonders, wenn es sich um ein unbekanntes Terrain handelt. Egoismus und Selbstverliebtheit werden gehätschelt, ersetzen sie doch in der Evolution, fehlende Augen und Verstand. Daraus erwächst das Böse und dient einem guten Zwecke. Das Egozentrische treibt Lebewesen aufeinander, eckt an, wirft auseinander, zwingt ungewöhnliche Wege zu gehen und bringt sie in die unwirsche leblose Gegend, die sie zu ihren Gunsten verwandeln. Das Resultat ist die räumliche und funktionale Vielfalt, die wenn auch widerwillig, eine Vielzahl an Erfahrungen im Versuch und Irrtum stemmt.
Exklusivität ist nützlich, um leere Räume zu füllen. In geschlossenen Lebensräumen hebt sich diese gegenseitig auf und erweist sich als Hindernis. Verdrängung oder Vernichtung der Konkurrenz stellt zwar Ressourcen für die Auserwählten frei, die Basis des Künftigen, die Diversität wird jedoch dabei auf dem Altar des Augenblicklichen geopfert. Das Hadern ist nicht vergeblich. In Reaktion auf sinnloses Stemmen werden Gegenseitigkeit, Sexualität und Liebe geboren. Zuneigung verbindet was sich ergänzt und gewährt eine Weitsicht, die der Ausschließlichkeit unbekannt ist. Geduld beim Miteinandersein, Durchblick durch Verstehen werden zu den wichtigsten Ressourcen. Das Ziel der Lebensbewegung ist eine Förderung all dessen, was der gegenseitigen Befruchtung auf der genetischen, kulturellen und Bewusstseinsebene dient. Der Lebensverein hat eine maximale Offenheit und Verfügbarkeit von schriftlichen, bildlichen und Tonzeugnissen überall und für jeden zu gewähren. Das Bekennen zur Freizügigkeit der Bewegung vom Wissen ist zentral und soll frei von den Bewertun-

gen einzelner Erkenntnisse oder Aussagen erfolgen. Keine Meinung darf eine andere verbieten oder bekämpfen, sollte stattdessen mit Beispiel vorangehen und eigene Überlegenheit beweisen. Kein Wissen und keine Wahrheit dürfen wiederum denjenigen vorenthalten werden, die danach streben.

Wucherer kaufen das Brot in der Not auf, halten es zurück, treiben den Preis hoch und bereichern sich daran. Der Wucherer hat weder das Feld gepflegt, noch Werkzeuge entwickelt, noch Korn geerntet, gespeichert, geliefert, verarbeitet noch hergestellt oder an den Mann gebracht, lediglich den fremden Hunger ausgenutzt. Er hat Hass gesät, der ihn vernichten wird. Mit Inhalten steht es ähnlich. Sie sind das täglich Brot, ja Luft des Bewusstseins. Nur das es immer Not am Wissen besteht und man niemals satt wird. Anerkennung des Urheberrechtes ist nur solange zulässig, wenn dieses dem besseren Verbreiten der Werke dient. Es betrifft allein den Aufwand, die Form der Vervielfältigung und Austeilung, nicht aber den Inhalt. Alle Gesetze, die die Verbreitung des Wissens stören, sind nichtig. Der Rest verdient das, worauf er pocht – das Vergessen. Intellektuelles Eigentum gehört dem Bewusstsein.

Die Schöpfungsforderung

Die einen reisen und schreiben Berichte über das Land hinter den Horizonten, andere entwerfen Schiffe und Instrumente, noch andere fassen fremde Zeugnisse zu Karten und Plänen zusammen, ohne das Zimmer zu verlassen oder eine Werkstatt zu betreten. Die vorausgehenden Entwürfe ermöglichen es dann den Nachfolgern, sich besser vorzubereiten und den Wirkungsradius zu erweitern. Wohin die Reise auch geht: zu fremden Kontinenten, Planeten oder in das Innere der Zelle, des Atomkerns oder des Erdballs – die Schöpfung ist eine Erschaffung vom nie Dagewesenen aus der gemeinsam erhobenen Sicht. Die Schöpfung verwandelt das Denkbare zum Nutzbaren, das Mögliche zum Tatsächlichen und erschließt Lebensräume, die bisher schlicht nicht bestanden. Eine Entdeckung gewinnt Vorrang vor der Verdrängung. Das Zusammenschließen, die Erweiterung, die Partnerschaft treten anstelle von Kampf, Abschottung und Ausrottung. Ohne fortwährende Schöpfung von Möglichkeiten wäre das Leben eine Perfektion der Unvollkommenheit.

Da das Reisen zum Unbekannten erfolgt, sind die Resultate nicht vorhersagbar, nicht planbar. Das Ziel des Lebensvereins ist Unterstützung des Schöpferischen und Aufhebung der willkürlichen Hindernisse.

Das Ego wird auf dieses Ziel vom Konkurrenzkampf gedrängt. Die egozentrische Sicht bleibt eng und kann über die Individuelle Belange nicht hinausgehen. Gemeinsamkeit sind dagegen keine Wahrnehmungs- und Erfassungsgrenzen gesetzt.

Lebensbewegung lebt von der bewussten Erweiterung gemeinsamer Horizonte. Man leiht sich Erfahrungen aus dem gemeinsamen Schatz, verarbeitet und mehrt diese. Das Hinauswachsen über alle erdenklichen Grenzen biologischer Fesseln ist das schönste Gefühl was den Menschen beflügelt. Heureka ist das unantastbare Recht jedes Lebewesens. Einer Erlaubnis bedarf es hierzu weder von der Politik, Ethik, Moral oder sonst welchen Gremien. Alles, was erweitert, ist ausdrücklich erlaubt. Jegliche Einmischung in die Erkenntnis ist rechtswidrig. Die Regulierung ist ausschließlich beim Anwendungsrecht zulässig.

Die Eigenständigkeit

Jedes Programm ruht auf den Schultern derer, die sich mit den Zielen identifizieren. Der Grundstein des Lebensverbandes ist die Freizügigkeit des Vereinsbildens. Läuft das Vereinsleben oder ein kleiner Teil davon gegen die Zweckvorstellungen der Mitglieder, so sollen die Mitglieder den Verein verlassen oder ihre Tätigkeit darin ruhen lassen, neue Verbündete suchen, Rat halten oder neue Verbände gründen, die ihre Ziele angemessen vertreten. Lebensbewegung soll die freie Beweglichkeit zwischen Vereinen maximal gewähren. Hierzu gehören: Wahrung der Privatrechte, eine materielle Unterstützung bei der Suche nach der eigenen Berufung, Ausdehnung des Lebensalters und der produktiven freien Zeit, Verkürzung der Pflichtarbeitszeit und der Pflichtarbeitstage auf das minimal noch vertretbare Maß, alters- und genehmigungsfreier Zugang zur Bildung sowie Ausübung der Berufe, Schaffung einer Welt in dem das Können statt Zertifikate entscheiden. Die Eignung ist entscheidend und soll in dem Vordergrund stehen: Ist die Eignung da, soll es vielfältige unbürokratische Möglichkeit geben, das noch fehelende Grundwissen und die Zertifikate hierzu nachzuholen.

Der Schutz

Schöpfung, ist wie alles Entstehende anfällig, und bedarf eines Schutzes. Der Lebensverband ist ein Nest, ein Kindergarten für die gemeinsamen Schöpfungen des künftigen Lebens. Im Lebensverband laufen einzelne Bestrebungen zur Vervollkommnung zusammen, verflechten und befruchten sich. Der Lebensverband steht jedem bei, der Hilfe sucht. Er ist ein Orden, ein Refugium, wohin die Menschen sich zurückziehen können, um sich selbst in der Gemeinschaft zu finden. Wo sollen diese Räume liegen?

Der Raum des Lebensvereins ist nicht nur dinglich. Er ist überall dort, wo Entscheidungen zugunsten des Lebens fallen, er nutzt dazu jeden Ort und jede Gelegenheit. Seine Geographie erstreckt sich über alle Gebiete, wohin der schöpferische Drang des Lebens reicht oder sich richtet. Jedes Lebewesen ist sein Anwärter. Jeder ist sein Mitglied und Missionär gemäß dem Reifezustand seines Bewusstseins. Die speziellen Organisationsformen und Mittel werden sich mit der Zeit herausbilden. Warten darauf muss man nicht. Die Lebensbewegung respektiert und nutzt alle bestehenden Gesetze und gesellschaftlichen Strukturen, richtet sich jedoch dabei auf eigene Ziele und lässt sich in diesem Streben durch nichts außer Zweckmäßigkeit beeinflussen. Es ist nicht die Aufgabe der Lebensbewegung, das Funktionierende zu zerschlagen, wohl aber für Besseres zu gewinnen. Außerhalb seines Geltungsbereichs und Strukturen wirkt der Verband durch das Beispiel, durch die Möglichkeiten, durch bessere Lösungen, die er anbietet.

Die Freiheit

Ничему не верь, ничего не бойся, ни о чем не проси

Die Freiheit ist kein Recht, kein Zustand oder Gegenstand, sondern eine Einstellung und der Vorgang einer zunehmenden Voreinnahme des Universums durch das Leben. Zur Forderung der Freiheit muss der Mensch lernen, keiner Erscheinung und keiner Vorschrift zu trauen, keine Veränderung zu fürchten oder sich durch Ankündigungen wovon auch immer erpressen zu lassen, um keinen Nachlass von dem Schicksal und der Physis zu bitten, sondern jedes Ereignis hinnehmen und zu seinen Gunsten ummünzen.

INSIGNIEN

Unter welchem Zeichen soll eine Bewegung des Lebens auftreten?
Gewiss lässt sich jedes Wappen mit beliebigem Inhalt belegen und doch, ohne Logo kann man heute nicht mal eine Internetseite aufbauen.
Lasst uns den Stern zum Symbol der Bewegung machen. Schließlich soll Lebensbewegung jedem dienen. Trotz der Unterschiede und zur Schau gestellter Unversöhnlichkeit, wir alle laufen unter den Sternen und sind gleich weit von den Sternen entfernt. Sterne schmücken amerikanische, EU und kommunistische Fahnen. Der Stern soll der Lebensbewegung allerdings kein Schmuckelement sein, sondern den Stern der Hoffnung, der Zukunft, des Weges, des Ziels und des Glücks darstellen. Die Farbe darf sich jeder je nach Land, Sprache und der Tradition selbst wählen: schwarz wie die Unendlichkeit des Nachthimmels und die Tiefe des Universums, rot wie die Verheißung der Morgenröte, gelb wie die Sonne, blau wie der Ozean, weiß wie die Milchstraße, Grün wie das Leben. Ich finde alle Farben schön.
Leuchte unser Stern, leuchte und sei gewiss – wir sind auf dem Weg, wir kommen.

„Eine Gute-Nacht-Geschichte"

Vor dem Einschlafen erzählt man dem Kind eine Gutenachtgeschichte. Möge das Kleine unbeschwert ruhen und etwas Schönes träumen. Mein Buch ist zum gleichen Zwecke gedacht und wendet sich an alle Menschenkinder für Jede Zeit und in jeder Lebenslage.